KLETT-COTTA *leben!*

Hartwig Hansen

Respekt –
Der Schlüssel zur
Partnerschaft

Klett-Cotta

Textnachweis

S. 54: Reiner Kunze, »Rudern zwei«, In: Frühe Gedichte. Gespräch mit der Amsel © S. Fischer Verlag, Frankfurt a.M. 1984

S. 63: Niels Schmitt, »Sehnsucht«, In: Sehnsucht wie ein Ozean. CoCon Verlag, Hanau 2007 © Niels Schmitt

S. 75: Eugen Roth, »Bitte«, In: Neue Rezepte vom Wunderdoktor. Carl Hanser Verlag, München © Thomas Roth

S. 78: Silbermond, »Das Beste«, Auf CD: Laut gedacht. © EMI Music Publishing Germany GmbH & Co.KG

S. 91: Eugen Roth, »Kleiner Unterschied«, In: Ein Mensch. Heitere Verse von Eugen Roth. Carl Hanser Verlag, München © Thomas Roth

S. 131: Eugen Roth, »Billiger Rat«, In: Mensch und Unmensch. Heitere Verse. Carl Hanser Verlag, München © Thomas Roth

Klett-Cotta
www.klett-cotta.de
© J. G. Cotta'sche Buchhandlung Nachfolger GmbH, gegr. 1659,
Stuttgart 2008
Alle Rechte vorbehalten
Fotomechanische Wiedergabe nur mit Genehmigung des
Verlages
Printed in Germany
Umschlag und Foto: Roland Sazinger, Stuttgart
Gesetzt aus der Concorde von Kösel, Krugzell
Auf säure- und holzfreiem Werkdruckpapier gedruckt
und gebunden von Kösel, Krugzell
ISBN 978-3-608-86010-8

Zweite Auflage, 2009

Bibliografische Information der Deutschen Nationalbibliothek
Die Deutsche Nationalbibliothek verzeichnet diese Publikation
in der Deutschen Nationalbibliografie; detaillierte bibliografische Daten sind im Internet über http://dnb.d-nb.de abrufbar.

Inhalt

»Sprich nicht schlecht vom Menschen.
Er sitzt in dir und belauscht dich.«

Stanislaw Jerzy Lec (1909–1966)

»Ein Mensch fühlt oft sich wie verwandelt,
sobald man menschlich ihn behandelt!«

Eugen Roth (1895–1976)

Achtung

Manchmal kommt es vor, dass große Sätze großer Denker sich im Alltag der Paarberatung bestätigen. Davon will ich hier kurz berichten.

Immanuel Kant (1724–1804), nach dem in fast allen Städten eine Straße benannt ist, wird das Zitat zugeschrieben: »Ohne Achtung gibt es keine wahre Liebe.« Ich fand es neulich als »Motto des Tages« in unserer Zeitung.

Heute kommen Herr und Frau B. – beide sind in der Werbebranche tätig – zur vierten Beratung, und wie so oft zielt meine erste Frage auf mögliche Veränderungen seit dem letzten Treffen. Frau B. nimmt den Ball gerne auf und antwortet überrascht-erfreut: »Irgendwie ist es in den vergangenen drei Wochen wieder besser mit uns geworden …«

»Das klingt gut, was haben Sie und Ihr Mann denn konkret anders gemacht?«

Frau B. denkt nach, zögert, schaut ihren Mann an und sagt schließlich achselzuckend: »Ich weiß es gar nicht.«

»Und was meinen Sie, Herr B., wenn Ihre Frau sagt: ›Irgendwie ist es wieder besser mit uns geworden …‹?«

»Dann sage ich: Das finde ich auch. Aber fragen Sie mich bitte nicht, woran das liegt.« Herr B. schüttelt den Kopf. »Darüber habe ich nämlich eben schon nachgedacht, als Sie meine Frau fragten. Ich weiß es auch nicht. Ich kann es nicht sagen …«

Herr und Frau B. schauen sich an und grinsen verlegen, fast wie Teenager, die beim Knutschen erwischt worden sind.

Diesmal lasse ich mich nach einer Vielleicht-kommt-doch-noch-was-Pause entgegen des sonst gewohnten »genauen Nachfragens« zu einem Angebot hinreißen: »Darf ich vielleicht eine

Antwort nach meinem Gefühl versuchen?« Beide nicken erleichtert.

»Ich glaube, es könnte etwas damit zu tun haben, dass Sie die Achtung voreinander wieder zurückgewonnen haben.«

Das Ehepaar B. schaut sich immer noch freundlich an, deutlich zugewandter als zu Beginn der Beratung, dann nickt Frau B., und ich frage jetzt wieder offen: »Wie hört sich das an?«

»Das könnte so sein«, meint Frau B. Diesmal ist es ihr Mann, der nachfragt: »Wie meinen Sie das denn genau?«

»Ja, eigentlich müssten Sie mir das sagen. Ich zumindest glaube fest daran, dass eine Beziehung nur gerettet werden kann, dass man sich nach einer kritischen Phase nur ›wiederfinden‹ kann, wenn man den Respekt voreinander, die Achtung vor dem Gegenüber wieder zurückgewinnt, die manchmal in Krisen auf wundersame Weise abhanden zu kommen scheint.«

»Respekt!«, sagt nun Herr B., »das haben Sie schön gesagt, so ist es auch irgendwie.«

Dieses Buch handelt also von der Bedeutung des Respekts im Miteinander, von der Achtung in Partnerschaften, von den Möglichkeiten, sie zu wahren, zu schützen und gegebenenfalls – wie beim Ehepaar B. – wiederzufinden.

Nach ein paar einleitenden Erlebnissen, Beobachtungen und Gedanken zum Thema »Respekt heute« sowie einem Ausflug zu den großen Konfliktherden in Beziehungen möchte ich Ihnen die »Zehn Gebote des Respekts« unter dem Titel »Ein Schlüssel und zehn Türen« vorstellen und Sie zu einem »Grundkurs respektvolle Kommunikation« einladen.

Achtung! Die Quintessenz dieses Buches steht – mal mit, mal ohne Kant – bereits am Anfang.

Sie lautet: Ohne Respekt ist alles nichts!

Wo ist der Respekt geblieben?

Ein Denkmal für die unbekannte Kassiererin

Eines der lästigsten Dinge in meinem Leben ist das Einkaufen. Sicher kennen Sie eine ganze Menge Männer (und ein paar Frauen), die sich auch als Einkaufsmuffel outen würden.

Ich finde mich schon ziemlich gut, wenn ich vorher daran gedacht habe, dass ich ja heutzutage einen Euro oder zumindest einen entsprechenden Chip für den Einkaufswagen brauche und so das ausgesprochen leidige Geldwechseln im Laden vermeiden kann.

Na ja, den Mittelteil meiner Einkaufstour im Supermarkt, den Part mit den vielen Einzelentscheidungen, erspare ich Ihnen, weil ich ja von der Schluss-Szene, also von der in der Kassenschlange und beim Bezahlen, berichten will.

Da kommen wir nämlich der Sache mit dem Respekt spürbar nahe.

Es ist voll im Laden, die Schlangen sind lang, ich bin zwar nicht mehr der Letzte, aber auch noch nicht dran. Plötzlich die bekannte Hysterie an den Schlangen-Enden – wer reagiert zuerst? Eine neue Kasse hat geöffnet. Jetzt die Chance zum Überholen nicht verpassen!

Kein Blickkontakt, kein »Darf ich mal?«, jeder gegen jeden, nach dem bekannten, gut einstudierten Motto aus dem Leben »da draußen«: »Wir wollen alle das Gleiche, aber ich doch wohl zuerst.«

Das Band läuft und stoppt, der Scanner piept, sonst ist es wieder still. Ich lege »meine« Waren aus dem Einkaufswagen auf das Band und ärgere mich: Mein Nachfolger tut schon das Gleiche. Sieht er nicht, dass ich noch mehr Platz auf dem Band brauche? Soll ich was sagen oder ihn ignorieren und mich still grämen?

Gut trainiert fahre ich den leeren Wagen um den Kassenplatz herum, damit die Kassiererin sieht, dass er leer ist. Generalverdacht ausgeräumt! Und ich weiß schon, was jetzt kommt – nämlich ich nicht hinterher. Die Kassiererin zieht die Waren viel schneller über den Scanner, als ich – und sicher auch Sie – den Wagen wieder füllen könnten. Jedes Mal ärgere ich mich über diesen nonverbalen Affront, diese körperlich spürbare Respektlosigkeit, ich kann dieses Drängeln zur vermeintlichen Temposteigerung nicht haben, werde richtig gallig und habe noch Nudeln und Eistee in der Hand, als ich schon höre: »Neununddreißig Euro Sechsundfünfzig!«

Nee, Einkaufen ist nichts für mich. Und schon gar nicht so.

Wie es zu diesem Buch kam

An dieser Stelle sei allen gestressten, unterbezahlten, überarbeiteten Kassiererinnen und Kassierern ein Denkmal gesetzt, denn sie haben mich – mittels regelmäßig ausgelöster Adrenalinschübe – inspiriert: Du müsstest eigentlich mal ein Buch über »Respekt« schreiben! Jetzt halten Sie es in Händen, was ja schon ein sicheres Zeichen für Respekt ist.

Ihnen liegt offenbar auch am Thema. Vielleicht kaufen Sie ja sogar manchmal im gleichen Supermarkt ein.

Ein anderes Denkmal verdient die Verkäuferin beim Bäcker bei mir um die Ecke:

Ein kleiner Verkaufsraum, eine schmale Theke, ein freundliches »Guten Tag, was kann ich für Sie tun?« Sie schaut mich direkt an und lächelt sogar ein bisschen. – »Guten Tag, ich hätte gerne einen halben Niebüller Knust.« (Sagen Sie das mal, ohne Haspeln und Nuscheln! – Ich übe noch …) »Kein Problem« – sie teilt einen Brotlaib auf dem Schneidebrett. »Geht das so, oder soll ich es aufschneiden?« Wieder schaut sie mir freundlich in die Augen. »Nein danke, nicht nötig.« Die Verkäuferin hat eine Plastiktüte in der Hand, um damit den halben »Knust« – hygienisch – in eine Papiertüte zu schieben. »Das macht einen Euro fünfundneunzig. Darf's sonst noch etwas sein?« Ihre Stimme bleibt angenehm zugewandt.

»Vielen Dank, heute nicht.« Ich gebe ihr ein Zwei-Euro-Stück, nehme die fünf Cent Wechselgeld und stecke sie in die Kinderhospiz-Spendendose auf der Theke.

Gut gelaunt halte ich einer Mutter mit Nachwuchs im Kinderwagen die Tür auf und ernte ein »Dankeschön«. So macht Einkaufen Spaß.

Es gibt sie also noch im Alltag, die »Ach-ja,-richtig,-so-fühlt-sich-das-an,-wenn-ich-respektvoll-behandelt-werde«-Momente. Die Augenblicke, die von Aufmerksamkeit, Höflichkeit und Rücksichtnahme geprägt sind. Also kein Grund, die Hoffnung aufzugeben?

Ich weiß nicht, wie es Ihnen geht und wo Sie leben. Mein Lebensgefühl in der Großstadt hat sich in den letzten Jahren geändert. Wäre auch komisch, wenn nicht, werden Sie sagen – man wird ja älter. Das meine ich diesmal aber nicht. Ich bin angespannter unter Menschen, gehe nicht mehr so unbefangen mit ihnen um und auf sie zu. Schalte »da draußen« eher auf »Ich-zieh-das-jetzt-durch«-Modus, ziehe mich damit wohl eher in mich zurück, wappne mich gegen vermutete »Überfälle« und Respektlosigkeiten, stelle selbst eher »auf Durchzug«.

Vielleicht liege ich ja völlig falsch und Sie könnten sagen: »So provoziert er das ja selbst.« Möglich. Und schon sind wir bei der Gretchenfrage: Henne oder Ei, was war zuerst? Ich empfinde die Stimmung im öffentlichen Raum als gereizter, hektischer, indirekter, man schaut sich nicht mehr an, drängelt sich eher aneinander vorbei, als gelte es allumfassend zu signalisieren: »Was macht ihr alle hier und stört mich in meinen Unternehmungen?!«

Ist es denn ein Zufall, dass eine Jury an der Universität Frankfurt am Main aus den eingesandten Vorschlägen 2002 ausgerechnet die »Ich-AG« zum »Unwort des Jahres« kürte?

Die gesellschaftliche Zellteilung schreitet voran, arbeitslose Individuen gründen mit begrenzter staatlicher Förderung ihre eigene »Aktiengesellschaft«. Vereinzelung als Rezept gegen die strukturell nicht mehr lösbaren Probleme der postmodernen Massenarbeitslosigkeit.

Der ZEIT-Autor Christian Schüle, Jahrgang 1970, kreiert in seinem Buch »Deutschlandvermessung. Abrechnung eines Mittdreißigers« dafür einen neuen Begriff: »Die Gattung der ICHlinge«: »Ich werde von nun an keine Scheu mehr haben, schamlos von mir und über mein geltungssüchtiges ICH zu reden. Schamlosigkeit ist eine meiner Tugenden, Geltungssucht einer unserer aufgezwungenen Eigenschaften. Ich empfinde Scham, wenn *ich* es für richtig halte. Also rede ich ohne Skrupel von dem Vorwurf anstandsloser Selbstgefälligkeit im ICH, um gleich klarzumachen, dass es ein allgemeines WIR nicht mehr gibt. Ich bin ein ICHling. Bezugsraum meiner Wahrnehmung bin ich allein.«

Das steht da wirklich so. Jetzt wird mir einiges klar: Deshalb fühle ich mich in der Supermarktschlange immer so gehetzt und unwohl.

Denn: »Ein ICHling ist ein Vertreter der Individualisierung. Seine Schlachtrufe lauten: Selbstbestimmung! Und Selbstentfaltung! Unbedingte. Bedingungslose. Selbstbestimmung ist Verwirklichung unserer selbst um beinahe jeden Preis.«

Da kommt es dann schon mal vor, dass der Hintermann an der Tankstelle mir Schläge androht und gegen meine Autotür tritt, nur weil ich nicht schnell genug den Tankdeckel zugeschraubt habe und den Platz für seinen getunten Jeep räumen konnte.

Außerdem frage ich mich seit Längerem, ob man die Autos – kostensparend – nicht von den Blinkern befreien sollte, weil sie ohnehin kaum noch jemand benutzt: »Ich fahre dort, wo ich will, musste halt aufpassen! Mir gehört die Straße, ist das klar?!«

Oder warum haben Fahrräder eigentlich so unnütze Vorrichtungen wie Strahler, wenn sie im Dunkeln ohnehin nicht angestellt werden?

»Ich fahre so, wie ich will! Du bist nicht da für mich, ich erkenne dich ja, pass du doch auf.«

Bin ich zu zart besaitet, überarbeitet oder präsenil? Komme ich nicht mehr klar in dieser Welt, wenn mich das jedes Mal total fuchsig macht? Und wenn ich dann – ausnahmsweise – mal die Scheibe runterdrehe und sage: »Machen Sie bitte Ihr Licht an!«, kommt die Antwort: »Fahren *Sie* bitte weiter!« Da habe ich dann schon an mir gezweifelt und brauchte eine Viertelstunde, um wieder »runterzukommen«.

Ist das jetzt normal oder nur weit verbreitet? Mit Respekt hat das – da bin ich sicher – nichts mehr zu tun.

Und überhaupt: Wo ist eigentlich »die Hand« geblieben? Ich meine die Hand, die signalisiert: »Danke schön, dass Sie mich vorgelassen haben. Danke schön, dass Sie mich beachtet haben.«

Abgestorben, abgeschraubt, abgelegt – die Autos werden heute offenbar nur noch mit Fußtritten bewegt. Da wirkt das bieder-bemühte Schild an der Autobahn wie aus einer vergangenen Epoche. Darauf wird gemahnt: »Dra*engel*n? Rücksicht ist besser« – wie putzig.

Andersrum wird eine Stoßstange draus: »Vorsicht ist besser – lass dich nicht abdrängeln!«

Das Credo des dritten Jahrtausends – frei nach Herrn Schüle – könnte lauten: »Sieh zu, wie du allein vorankommst, der andere ist egal, wenn er dir nicht explizit nützt. Für den Rest haben wir keine Zeit mehr.«

Das Tempo in unserem Leben nimmt allerorten rasant zu. Der Druck, noch mehr in der gleichen Zeit zu schaffen, ebenfalls. Überall und jederzeit präsent, permanent ansprechbar und flexibel zu sein – das »Turboleben« ist ganz schön anstrengend.

Anstrengendes »Turboleben«

Jede technische Neuerung wird – gerade wegen dieser neuen spürbaren Überforderung – als »ganz einfach« beworben. »Ein Mausklick ... und schon sind Sie drin.« Von wegen, nichts ist einfach, vieles komplex, und die Fülle der »Vereinfacher« verschlingt mit ihren Tücken zudem enorm viel Energie.

Wer die Segnungen der Neuzeit nicht begreift, wird behandelt wie ein vergreister Neandertaler: »Da müssen Sie doch nur den Stecker einstöpseln, das ist doch nicht so schwer.« Ja, denkste!

Der Anruf bei der Hotline lässt sich nicht vermeiden – heißt sie Hotline, weil sie wegen der Überlastung permanent glüht? Dort hören Sie erst mal die zuckersüße Computerstimme: »Geben

Sie bitte Ihre Kundennummer ein und betätigen Sie danach die Rautetaste.«

Ich fühle mich, als laufe ich gegen eine Gummiwand. Hallo, ich bin's, ich weiß nicht weiter, hört mir mal jemand zu?

Nein. »Entschuldigung, ich habe Ihre Kundennummer nicht identifizieren können. Bitte versuchen Sie es noch einmal. Und drücken Sie dann die Rautetaste.«

Heute haben die Götter vor das Zuhören die Rautetaste gesetzt!

Und ich übersetze für mich die ätzend-säuselnde Computerstimme, denn eigentlich will sie mir doch sagen: »Der nächste – überlastete – Mitarbeiter ist für Sie da, aber kommen Sie bitte alleine klar! Andernfalls wird es teuer für Sie, und das wollen Sie doch nicht.«

Ach ja, das Geld – offenbar das wichtigste aller »Argumente« der neuen Zeit. Geiz ist geil. »Ich bin doch nicht blöd!« Denn Klingeltöne für dein Handy gibt es reichlich – im Sparabo. Was ist das bitte, ein Sparabo? Ein Plan für Vermögenswirksame Leistungen? Abo-Sparen?

Nee, das ist Geldabzocke im Tarngewand. »Spar dich satt«, wirbt ein Pizzabringedienst. Alle reden vom Sparen, dabei meint es immer nur das eine: Geld ausgeben.

Die Worte meinen nicht mehr, was sie einmal gemeint haben.

Das latente Gefühl: Wo werde ich heute beschissen? hat sich festgebissen. Mein Argwohn gegen »Billigangebote« per Gutschein, Frühbucherrabatt und Bonuskarte ist so groß, dass er nicht in dieses Buch passt. Sozusagen proportional zum immer kleiner werdenden »Kleingedruckten«. Mein Vertrauen ist futsch, ich muss auf der Hut sein, mich wappnen, schützen, absichern.

»Der kostet nichts.«

So laufe ich in der Welt herum und nehme mir vor, dass dieses Buch ein Plädoyer für Respekt, für Ehrlichkeit, Hinwendung, für Bewusstheit und Kontakt werden soll.

Und ich nehme mir vor, dass ich darin ein drittes Denkmal setzen will.

Als mich der Verlag für dieses Buch um ein Foto von mir bat, ging ich in einen Foto-Laden, legte meine bescheidene Auswahl auf den Tresen und sagte: »Ich brauche mal ein gutes Foto von mir.« Die freundliche Antwort »Da haben Sie ja ein passendes ausgesucht« freute mich.

Die Verkäuferin ging ins Labor und kam nach kurzer Zeit mit den Abzügen zurück.

»Und der ist für Ihre Frau, den kann sie sich auf den Nachttisch stellen«, sagte sie, »der kostet nichts.«

Ich war baff und gerührt. Es ist noch nicht alles verloren! Ein Hoch auf alle freundlichen, zugewandten und beherzten unbekannten Verkäuferinnen der Welt! Respekt allen anderen!

Respekt ist mehr als ein Wort

Neulich saßen wir in kleiner Runde zusammen, und es entspann sich folgendes Gespräch.

»Fällt euch eigentlich jemand ein, den ihr als Respektsperson bezeichnen würdet?«

Mein Kollege sagte nach kurzem Überlegen: »Richard von Weizsäcker.«

Damit waren wir einverstanden.

»Und wer noch?«

»Ich weiß nicht. Für viele wird es vielleicht der Papst sein, für andere immer noch Ulrich Wickert oder Uschi Glas, aber irgendwie wird es schwierig mit den Respektspersonen. Früher war das anders …«

»Nee, nicht früher – heute!«

»Lass doch mal, früher gab es Willy Brandt und Heinrich Böll, Hans-Joachim Kulenkampff oder Mutter Teresa.«

»Erhard Eppler, Pfarrer Albertz, Hildegard Hamm-Brücher, Uwe Seeler. Okay. Und heute? Günter Grass hat sich durch seine ›Vergesslichkeit‹ selbst demontiert, die Reihe der Korruptions- und Schmiergeld-Affären in deutschen Großfirmen reißt nicht ab, der israelische Staatspräsident tritt wegen Vergewaltigung zurück – was ist los, bitte schön?! Und Respekt vor George Bush? Ich weiß nicht …«

»Uwe Seeler gibt's noch …«, kam noch ein kläglicher Versuch.

»Geschenkt.« – Nachdenkliche Pause.

Und dann sagte mein Kollege: »Ich weiß auch nicht, ich respektiere meine Frau, und dann kommt gaaanz lange gar nichts.«

Ja, was ist los? Vor wem haben wir (noch) Respekt? Wie ist das bei Ihnen? Vor Ihren Eltern, Ihren Großeltern? Ihrem Chef? Und gibt es noch jemanden »darüber hinaus«?

Was ist eine Respektsperson?

Hat sich die Wahrnehmung von »öffentlichen Personen«, denen man früher Respekt entgegenbrachte, in den letzten Jahren tatsächlich so gravierend verändert?

Was zeichnet eine Respektsperson wirklich aus?

Mir fallen dazu ein paar Eigenschaften ein: Ehrlich muss sie sein – ganz wichtig, sie muss sich für »die gute Sache« einsetzen, vielleicht ist sie klug, fast weise, auf jeden Fall lebenserfahren, authentisch und integer, eine »Autorität im positiven Sinn«. Sie wahrt ihre Würde und muss in irgendeiner Weise »etwas Besonderes« sein. Schließlich gilt für sie der Satz: »Respektspersonen halten mehr, als sie versprechen, und nicht umgekehrt.«

Wahrscheinlich ist es das, was sie heutzutage so rar macht.

Respekt ist wohl eine Art der Ehrerbietung gegenüber einer anderen Person, eben einer Respektsperson – ich achte sie, was sie ist oder »geleistet« hat. Respekt und Achtung sind offenbar so etwas wie Geschwister.

Achtung

Der französische Mathematiker Blaise Pascal (1623–1662) brachte es auf die grundlegende Formel: »Das ganze Glück der Menschen besteht darin, bei anderen Achtung zu genießen.«

Und Erich Fromm erläutert in seiner »Kunst des Liebens«: »Achtung hat nichts mit Furcht und nichts mit Ehrfurcht zu tun: Sie bezeichnet die Fähigkeit, jemanden so zu sehen, wie er ist, und seine einzigartige Individualität wahrzunehmen. Achtung bezieht sich darauf, dass man ein echtes Interesse daran hat, dass der andere wachsen und sich entfalten kann. Daher impliziert Achtung das Fehlen von Ausbeutung. Ich will, dass der andere um seiner selbst willen und auf seine eigene Weise wächst und sich entfaltet und nicht mir zuliebe. Wenn ich den anderen wirklich liebe, fühle ich mich eins mit ihm, aber so, *wie er wirklich ist*, und nicht, wie ich ihn als Objekt zu meinem Gebrauch benötige. Es ist klar, dass ich nur Achtung vor einem anderen haben kann, wenn *ich selbst* zur Unabhängigkeit gelangt bin, wenn ich ohne Krücken stehen und laufen kann und es daher nicht nötig habe, einen anderen auszubeuten.

Achtung gibt es nur auf der Grundlage der Freiheit. *L'amour est l'enfant de la liberté* heißt es in einem alten französischen Lied. Die Liebe ist ein Kind der Freiheit, niemals das der Beherrschung.«

Das klingt schön – »Die Liebe ist ein Kind der Freiheit« und: Achtung und Respekt haben nichts mit Furcht und nichts mit Ehrfurcht zu tun, obwohl man doch mitunter sagt: »Ich habe Respekt vor dieser Person«, im Sinne von »Ich habe Ehrfurcht« – und ein bisschen Schiss.

Respekt ohne Vertrauen führt offenbar eher zu Angst und Unterwerfung, zum Beispiel in Sätzen wie: »Ich habe Respekt vor diesem Kampfhund.« Oder: »Das ist ja eine Respekt einflößende Dienstanweisung.«

Albert Camus (1913–1960) formulierte dazu pointiert: »Nichts ist jämmerlicher als Respekt, der auf Angst basiert.« Möglicherweise bezog er sich dabei auf die französische Bedeutungswurzel des Wortes »réspect«, das als »Achtung beziehungsweise Hochachtung« stärker eine Art Ehrerbietung, im Sinne von Achtung vor einer höheren Autorität, beinhaltet. Dies würde mehr die einseitige Form der Achtung beschreiben: Ich achte jemanden (mehr oder weniger freiwillig), weil er, sie oder es größer, stärker oder mächtiger ist als ich selbst.

Würde Besser gefällt mir die Gegenseitigkeit im Sinne von Erich Fromm: Ich achte den anderen in dem, was er ist. Ich achte ihn in seiner Würde, ich würdige ihn, erkenne ihn (an), respektiere ihn und setze mich nicht über ihn hinweg.

Nicht umsonst formuliert die »Allgemeine Erklärung der Menschenrechte vom 10. Dezember 1948« – nach den außerordentlich leidvollen Weltkriegen – in ihrem Artikel 1: »Alle Menschen sind frei und gleich an Würde und Rechten geboren. Sie sind mit Vernunft und Gewissen begabt und sollen einander im Geist der Brüderlichkeit begegnen.« Und der allererste Artikel des deutschen Grundgesetzes vom 23. Mai 1949 ist ebenso deutlich: »Die Würde des Menschen ist unantastbar. Sie zu achten und zu schützen ist Verpflichtung aller staatlichen Gewalt.« Man mag hinzufügen »... und natürlich auch die Verpflichtung jedes Einzelnen«.

Nur was ist Würde? Eine diffuse Vorstellung haben wir ja davon. Aber wie kann man es »greifbarer« beschreiben? Dazu fällt mir etwas ein, das ich von dem schon eingangs erwähnten Philosophen Immanuel Kant – neben allem, das mir »zu hoch war« – verstanden habe. Der trifft nämlich eine hilfreiche und aufschlussreiche Unterscheidung, die sich folgendermaßen zusammenfassen lässt: Nur Dinge, Sachen oder Dienstleistungen haben einen Wert. Für uns Menschen greift der Wert-Begriff allerdings nicht, wir haben keinen Wert, dafür aber Würde, und zwar unmittelbar und von Geburt an. Sie lässt sich – im Gegensatz zu Dingen und Leistungen – weder kaufen noch veräußern.

Daran kann man sich, finde ich, orientieren: Wir Menschen haben eine nicht veräußerliche Würde. Diese Tatsache und damit die Würde des Gegenübers, des anderen, des Partners – und in ihnen den Menschen an sich – selbst anzuerkennen, ist für mich das, was Respekt ausmacht und worum sich alles in diesem Buch dreht.

Was Respekt ausmacht

Natürlich gibt es ungezählte, schockierende Beispiele für Verletzungen der Menschenwürde – die Medien sind jeden Tag voll davon. Und augenscheinlich besteht in unserer heutigen Welt die anhaltende und sogar wachsende Gefahr, dass eben nicht die Würde des Menschen an erster Stelle steht, sondern der zu steigernde (Geld-)Wert. Und man ist versucht, ketzerisch zu fragen, ob »Würde« nur noch für den Konjunktiv, nämlich eine »Möglichkeitsform«, steht und nicht mehr für etwas Fundamentales im menschlichen Miteinander.

Trotzdem – es bleibt dabei: Die Würde des Menschen ist unveräußerlich. Sie zu achten, bleibt – nicht nur laut Grundgesetz – erste »Bürgerpflicht«.

Jemandem Respekt zu erweisen, heißt also, ihn in seiner Würde zu achten, ihn zu würdigen und anzuerkennen, möglicherweise ihn zu loben im Sinne von »Alle Achtung, was du da geschafft hast!«

An dieser Stelle schon mal vorab – und Sie werden in der Folge weitere extra gekennzeichnete »Grundbausteine« für ein sicheres Partnerschaftsfundament kennenlernen: Gegenseitige Anerkennung, Würdigung, Wertschätzung sind unerlässlich in »guten Beziehungen«, sie sind das Lebenselixier für gelingende, zufriedenstellende Partnerschaft:

»Wie schön, dass du das für mich getan hast.«

»Ich bewundere deine Geduld und Ausdauer!«

»Wie hast du das eigentlich geschafft, den kleinen Schreihals wieder ruhig zu kriegen?!«

»Ich bin stolz auf dich und so froh, dass wir zusammen sind.«

»Dass du immer so aufmerksam bist, dafür liebe ich dich!«

Respekt zu erweisen, ist mehr als ein Wort, aber eben vor allem auch das.

Höflichkeit Achtung, Anerkennung, Würdigung, Wertschätzung – die Geschwisterschar in der Begriffsfamilie wächst. Und es gibt noch ein Wort, fast ein Synonym für Respekt im allgemeinen Sprachgebrauch: Das sind die »gute Manieren« im Sinne von Höflichkeit oder – etwas angestaubt – im Sinne von Anstand.

Damit sind Verhaltensweisen gemeint, die »von Respekt geprägt sind«: Die aufgehaltene Tür, das Aussprechenlassen, die Glückwunschkarte, all das, was Arthur Schopenhauer (1788–1860) so beschreibt: »Höflichkeit ist wie ein Luftkissen: es mag wohl nichts drin sein, aber es mildert die Stöße des Lebens.«

Sechshundert Jahre früher kam Franz von Assisi (1182–1226) der Sache auf seine Weise näher: »Die Höflichkeit ist die Schwester der Liebe.«

So ist es offenbar gar nicht verwunderlich, dass ich mich besonders gefreut und es als kleine Liebeserklärung verstanden habe, als meine Frau zu mir sagte: »Ich habe dich damals als höflichen Menschen kennengelernt. Und das hat mich beeindruckt.«

Erst wollte ich genauer nachfragen, weil ich neugierig bin und gerade an diesem Buch über Respekt schreibe, habe es dann aber gelassen und einfach (höflich?) genossen.

Jetzt, wo mir diese Szene wieder einfällt, merke ich, dass Höflichkeit vielleicht die kleine Schwester ist, aber noch der »große Bruder« fehlt, oder sogar das Familienoberhaupt, von dem die Respekt-Familie ihren Namen bekommen hat.

Denn das Wort Respekt hat neben der oben erwähnten französischen Bedeutungswurzel die zweite aus dem Lateinischen, wo respectus so viel wie »Zurückschauen, Rücksicht, Berücksichtigung« meint bzw. respecto »zurücksehen, berücksichtigen«.

Rücksichtnahme

Der »Rückblick« oder die »Rücksicht« kann in zwei beziehungsweise sogar drei Richtungen gehen: Einmal ist es der Blick auf mein Gegenüber, dann der Blick auf mich selbst und drittens der Blick auf mich selbst im Spiegel des anderen. Auf jeden Fall geht hier der Blick nicht nach oben, sondern zurück, also entweder auf mich selbst oder im Sinne eines Blickwechsels auf den Menschen, der mir gegenübersteht, sich mit mir auf einer Ebene befindet.

So ist Respekt im Gegensatz zur *Hoch*achtung für einen »Mächtigeren« eine Angelegenheit »auf gleicher Augenhöhe«. Ich nehme Rücksicht auf dich, weil ich dich achte.

Ich berücksichtige für mein Leben und Tun, was auch dich zufriedener und erfüllter machen könnte.

In diesem Sinne meint Respekt – wie es Erich Fromm ja schon pointiert formulierte – eine Form der wechselseitigen Achtung, bei der beide Partner gleichberechtigt miteinander in Kontakt treten und sich gegenseitig in ihrer Individualität anerkennen. Ein zufriedenes Paar jenseits der Goldenen Hochzeit beschrieb deshalb das »Erfolgsrezept ihrer Ehe« mit den Worten: »Es waren die Fürsorge und Achtung füreinander, die uns zusammengehalten haben. Manche Leute nennen es auch Liebe.« Offenbar hängt alles miteinander zusammen.

Das ist auch meine Ausgangsposition für die weiteren Betrachtungen in diesem Buch. Wenn sich also in der Folge die Geschwister der Respekt-Familie sprachlich respektvoll abwechseln, liegt das – wie wir gesehen haben – in der Natur der Sache. Dann geht es zu wie in jeder Familie, eben manchmal auch durcheinander.

Denn: Respekt ist ja auch mehr als *ein* Wort.

Lieben ist schöner als Siegen: Respekt und Partnerschaft

»Und jetzt frag ich Sie, Herr Hansen: Wofür hat der liebe Gott das Schnarchen erfunden?«

Herr K. schmunzelt verschmitzt in die Runde der Paarberatung, wirkt aber gleichzeitig auch verzagt wegen der mitunter vorwurfsvollen Unzufriedenheit seiner Frau.

»Früher haben wir noch Späße darüber gemacht, und ich hab gesagt: ›Damit ich für dich die bösen Geister vertreibe.‹ Aber das wirkt heute auch nicht mehr so richtig.«

»Ich schlaf halt einfach schlecht neben dir und will mir ja auch nicht jede Nacht die Ohren zukleistern«, reagiert jetzt Frau K. in Rechtfertigungshaltung.

Hier könnte eine offenbar schon mehrfach erlebte Streitschleife einsetzen …

Sollte der liebe Gott das Schnarchen deshalb erfunden haben, um die Menschen auf die Probe zu stellen, wie sie mit Unterschieden umgehen?

Ich will hier nicht den Sinn von Schlaflabors infrage stellen. Ich wähle dieses Beispiel als Einstieg in typische Konfliktthemen aus der Paarberatung – und meine damit gleichzeitig typische Respekt-Themen.

Wie reagiere ich, wenn mein Partner, meine Partnerin so »ist«, so etwas tut, wie es für mich nicht gut ist?

Das Schnarchen scheint zur Demonstration deshalb besonders geeignet, weil der sonst mögliche Vorwurf der Absicht »Das machst du doch extra, um mich zu ärgern« ins Leere geht. Schnarchen ist schwer bis gar nicht bewusst zu steuern, und meist leiden die Schnarchenden wegen der harschen Reaktionen selbst darunter. Wer will schon dafür verantwortlich sein, dass ein geliebter Mensch im Nebenbett nicht gut schlafen kann?

Ein weiteres »Schnarch-Drama« – Frau E. erzählt: »Einerseits hat mein Ex gesagt: ›Wenn du ein eigenes Zimmer haben willst, dann müssen wir gar nicht erst zusammenziehen. Für mich ist ganz klar, dass wir ein gemeinsames Schlafzimmer haben. Das verstehe ich unter Partnerschaft.‹ Dann habe ich mich darauf eingelassen, ich wollte ja die Beziehung, wir sind zusammengezogen – schöne helle Wohnung, gemeinsames Schlafzimmer … und ich hatte nur noch unruhige Nächte, weil der Mann neben mir eben nicht ruhig geschlafen hat.

Wenn ich dann versucht habe, darüber zu sprechen, hat er abgewiegelt: ›Das wird schon besser, wenn ich wieder mehr Sport mache, daran gewöhnen wir uns schon. So schlimm ist es doch gar nicht. Und so weiter.‹ Fehlte nur noch der Satz: ›Wenn du mich wirklich lieben würdest, so wie ich bin …‹ Das ging ein paar Monate hin und her, und als es mir dann eines Tages zu viel wurde und ich mir die Campingliege aus dem Keller geholt habe, um im Nebenzimmer mein Lager aufzuschlagen, hat er es als ›Kündigung unserer Beziehung‹ verstanden. Dumm gelaufen. Nun suche ich eine neue Wohnung – und einen neuen Mann. Er kann ja ruhig schnarchen, aber ernst nehmen muss er mich schon.«

»Das ist nicht gut für mich.«

Vorausgesetzt, Frau E. und ihr Ex wären zu einer Beratung gekommen, hätte ich ihnen sicher eines der größten Beziehungsmissverständnisse aus der langen Reihe, die ich kennengelernt habe, zu erklären versucht: Es ist nämlich offenbar so, dass ein »*Das* ist nicht gut für mich« emotional sehr häufig verstanden wird als »*Du* bist nicht gut für mich«, was aus Kränkung zu Schutz- und Verteidigungsreaktionen führt. Schade. Denn in der Regel ist das Anmelden eines Missbehagens eher der Versuch, zu einer Abstimmung über verschiedene Bedürfnisse zu kommen, sozusagen ein Gesprächsangebot und keine Attacke auf die Beziehung.

Fatal wird es natürlich, wenn es dann – aus welchen Gründen auch immer – zu dieser Abstimmung nicht kommt, sondern mangels Resonanz von dem »Das ist nicht gut für mich« das Gefühl abgespeichert wird: »Du bist nicht gut für mich.« Entscheidend ist also die Bereitschaft, in einen respektvollen Dialog zu treten.

Zurück zum Ehepaar K. aus dem ersten Beispiel. »Na ja«, sagt Frau K. jetzt in einer Doppelbotschaft an mich und ihren Mann, »natürlich schnarcht mein Klaus. Was meinst du, warum ich mich nachmittags gerne noch mal hinlege? Das ist nicht so angenehm, neben einem Sägewerk zu schlafen.«

Ich versuche es mal ganz pragmatisch: »Haben Sie denn auch die Möglichkeit, nachts in ein anderes Zimmer auszuweichen?«

»Möglichkeit wohl schon, aber ich will ja auch neben meinem Mann schlafen, sonst denkt er womöglich, ich will nichts mehr von ihm wissen.«

»Haben Sie ihn das schon mal gefragt?«

»Was?«

»Ob er nichts mehr von Ihnen wissen will, wenn Sie vielleicht in getrennten Räumen schlafen.«

»Nee, Eheleute schlafen in einem Bett, das haben unsere Eltern doch auch gemacht.«

»Und wie sehen Sie das, Herr K.?«

Der wendet sich direkt an seine Frau: »Ich wusste bisher nicht, dass du es so unerträglich findest. Ich selbst höre mein Schnarchen ja gar nicht.«

»Was heißt unerträglich?!«, rudert Frau K. jetzt zurück. »Ich will dich ja nicht allein lassen.«

»Tust du doch gar nicht. Außerdem schlafe ich doch dann. Lass uns mal überlegen, wie wir das besser hinkriegen«, signalisiert Herr K. hoffnungsvolle Gesprächsbereitschaft.

Frau K. wirkt gleichzeitig skeptisch und erleichtert. Jetzt muss *sie* sich entscheiden.

Offenbar haben hier bisher die tückischen »Erwartungserwartungen« eine offene Aussprache über ein Schlaf förderndes nächtliches Arrangement verhindert.

Erwartungserwartungen sind so etwas wie »stille Einflüsterungen«, die darüber entscheiden, ob wir einen vermeintlichen Konflikt riskieren oder lieber nicht. Bei Frau K. könnten sie in etwa so lauten: Wenn ich sage, was für mich gut ist, ist das vielleicht nicht vereinbar mit dem, was für dich gut ist. Weil ich erwarte, dass du von mir erwartest, dass ich nachts neben dir liege, ertrage ich lieber dein Schnarchen, als dich offen zu fragen.

So kompliziert ist das manchmal mit den Hintergedanken, die suggerieren: Ich weiß doch eigentlich, wie du bist und was du von mir erwartest. Aber: Erwartungserwartungen machen das Leben schwerer, als es ist. Der beste Weg zur Entspannung ist, sie im offenen Gespräch zu überprüfen.

Übrigens: Vor ein paar Jahren starb der Mann meiner Tante Annegret – sie waren über ein halbes Jahrhundert verheiratet –, und ihre Schwester berichtete mir ein paar Wochen später, dass Tante Annegret sich bei ihr beklagt habe: »Ich will meinen Wilhelm wiederhaben. Es ist nachts so still geworden im Zimmer. Ich vermisse sein Schnarchen so sehr, dass ich gar nicht mehr einschlafen kann …«

Die großen Konfliktthemen

Was sind nun – abgesehen von Seitensprung, Affäre und Nebenbeziehung, die ein eigenes Buch ergeben würden – die Nerven und Vertrauen zehrenden Streitthemen in Beziehungen als Herausforderung an den gegenseitigen Respekt? Es gibt ja schließlich noch mehr als das Schnarchen.

Dazu stelle ich Ihnen hier beispielhaft ein paar »Paargeschichten« vor – natürlich eher prototypisch und isoliert, denn »im richtigen Leben« sind die Themen meist heftig miteinander »verknotet« und werden unterschiedlich gewichtet.

Das diffuse Gefühl »Wir haben uns irgendwie auseinandergelebt« steht oft am Anfang. Und das daraus geschlossene Fazit klingt eher verzagt als hoffnungsvoll: »Vielleicht müssen wir einfach getrennte Wege gehen.«

Schnell wird klar: Verschiedene, mittlerweile emotional hoch aufgeladene Themen belasten das Zusammenleben. Man hat schon so viel versucht, gerät aber immer wieder an den gleichen Punkten aneinander. Eine wirkliche Klärung zwischen den offenbar zu unterschiedlichen Bedürfnissen, Lebensweisen und Zielen der Partner scheint nicht möglich.

Ich beschränke mich hier auf die zehn häufigsten Konfliktherde:

So sagt zum Beispiel Frau B.: »Ich habe das Gefühl, dass wir deshalb keine Chance haben, gemeinsam weiter in die Zukunft zu gehen, weil wir es nicht hinbekommen, die berufliche Belastung meines Mannes mit den Ansprüchen eines zufriedenstellenden Familienlebens zu vereinbaren. Kurz gesagt: Er arbeitet zu viel, ist zu oft von zu Hause weg und hat dann auch nicht mehr genug Energie, um mal etwas Schönes gemeinsam mit mir und den Kindern zu unternehmen. Um es auf den Punkt zu bringen, würde ich sagen: Ihm ist seine Karriere einfach wichtiger als ich und seine Familie.«

Respektthema Beruf

Herr B. hat das alles offenbar schon mehrfach in verschiedenen Varianten gehört und antwortet eher resigniert: »Und ich habe das Gefühl, dass mir der Rückzugsraum mehr und mehr wegbröckelt. Wenn ich mal zu Hause bin, kann ich mich nicht entspannen, weil ich die Ansprüche von dir spüre. So kommt es dann schon mal vor, dass ich lieber länger in der Firma bleibe. Das ist irgendwie wie ein Teufelskreis.«

»Unser Thema ist das liebe Geld«, sagt Frau G. forsch und doch mit etwas ängstlicher Stimme. »Ich finde, mein Mann ist zu leichtsinnig. Er gibt einfach zu viel Geld aus. Ich kann mir nicht vorstellen, dass wir da noch auf einen gemeinsamen Nenner kommen. Er sagt dann immer: ›Lass uns doch *jetzt* leben, das Leben ist so kurz, was bist du so knickerig?!‹ Und ich habe ständig Angst, dass es später bei uns im Alter nicht reichen wird. Man weiß ja auch gar nicht, wie das mit den Renten weitergeht. Und vorher noch die Ausbildung der Kinder …«

Respektthema Geld

»Ich habe mich lange in unserer Ehe zurückgehalten und ab-gewartet, dass es sich vielleicht von allein bessert. Aber so geht es nicht mehr weiter. Es muss langsam mal auf den Tisch«, sagt Herr S., noch unsicher, wie er »es« formulieren soll. Dann kommt er aber doch sehr deutlich zur Sache: »Ich bin sexuell unzufrie-den. Ich möchte häufiger mit meiner Frau intim werden als sie. Vielleicht habe ich sie auch verschreckt, weil ich mal neue Dinge ausprobieren wollte. Keine Ahnung. Auf jeden Fall habe ich den Eindruck, dass sich meine Frau von mir unter Druck gesetzt fühlt. Das hat sie auch schon so gesagt, und das will ich natürlich gar nicht, weiß aber nicht, wie wir das klären können, denn die paar Male, bei denen wir versucht haben, darüber zu reden, ha-ben nichts geändert.«

»Bei uns ist es wohl so, dass ich das ›Problem‹ mit Martin mit-geheiratet habe. Das Problem heißt Margot und ist Martins Mut-ter. Ich kann es einfach nicht ertragen, wie sie sich in alles ein-mischt, was eigentlich nur uns beide etwas angeht. Und ständig – ich wiederhole – ständig nörgelt sie rum, dass wir nicht genug zu Besuch kommen, dass sie ja gar nichts von unseren Kindern mit-bekommt und so weiter und so fort. Dann sind wir – oder besser ich – undankbar, desinteressiert, unsensibel. Ich kann es ihr nicht recht machen, vor allem, seit Martins Vater gestorben ist. Da-nach wurde es besonders schlimm. Und das, was mich wirklich belastet und verzweifeln lässt: Martin steht viel öfter zu seiner Mutter als zu mir, und dann fühle ich mich total allein und denke: Warum habe ich ihn eigentlich geheiratet, wenn er gar nicht mit mir zusammen sein will, sondern noch am Rockzipfel seiner Mutter hängt?«

»Wenn ich nun das Ganze mal Revue passieren lasse«, denkt Herr E. laut nach, »dann glaube ich, dass unsere Probleme an-fingen, als Bettina schwanger war. Das war wohl so was wie der Auftakt. Nach der Geburt wurde es dann irgendwie noch schlim-mer: Bettina war gereizt, ständig müde, kaum noch ansprechbar. Das habe ich ja auch alles noch verstanden. An erholsamen

Schlaf war ja wirklich kaum zu denken. Aber ich fühlte mich zunehmend zurückgesetzt, fast wie Luft. Ich kam gar nicht mehr vor, außer dass ich das Geld für die Babyklamotten ranschaffen konnte. Alles drehte sich nur noch um Oliver, den ›kleinen Prinzen‹. Und wenn ich dann mal was mit ihm machen wollte, war alles nicht richtig. Dieses genervte ›Nein, doch nicht so!‹ klingt mir heute noch im Ohr. Ich glaube, da hab ich mich dann innerlich zunehmend zurückgezogen, weil mich das alles so frustriert hat.«

»Boah, hab ich das satt, rumkommandiert zu werden! Ich hatte mir geschworen, dass mir das nie wieder so passieren sollte, wie ich es zu Hause erlebt habe. Und jetzt nach zehn Jahren Ehe muss ich mit ansehen, wie sich meine Frau zu meiner Mutter entwickelt hat. ›Warum hast du schon wieder vergessen, mich anzurufen? Es war doch abgemacht, dass du neue Glühbirnen mitbringst! Kannst du eigentlich auch mal mitdenken, was wir im Kühlschrank brauchen?‹ Und immer so weiter und so fort. Verstehen Sie? Wir haben beide Fulltime-Jobs, und ich strenge mich wirklich an, dass ich auch bei der Hausarbeit mitmache, aber es ist eigentlich nie genug. Und je mehr Druck ich kriege, desto weniger Lust habe ich, was im Haus zu tun. So einfach ist das.«

Respektthema Hausarbeit

Beim Ehepaar P. dauert es etwas länger, bis klar wird, wo »der Hase im Pfeffer liegt«.

Respektthema Zukunftspläne

»Im Alltag klappt es eigentlich sehr gut bei uns. Ich kann mich nicht beklagen«, sagt Frau P. schließlich. »Erstaunlicherweise hängt aber dann doch alle paar Wochen der Haussegen schief, weil wir uns wieder über ›das Haus auf dem Land‹ streiten mussten. Wenn ich eins weiß, was ich nicht will, dann ist es, aufs Land zu ziehen. Da gehe ich ein wie ein Primelpott, das ist ganz klar. Ich will nicht weg aus der Stadt, und das habe ich meinem Mann auch von Anfang an gesagt. ›Warten wir's mal ab‹, hat er damals geantwortet, und nun kommt das Thema regelmäßig wieder auf den Tisch, oder sagen wir besser: auf die Bettdecke. Denn am Tag haben wir kaum Zeit füreinander, so wird so was dann abends im

Schlafzimmer ›ausdiskutiert‹. Und: Sie können sich ja denken, was das dann zur Folge hat. Zärtlichkeiten Fehlanzeige …«

Respektthema
Außenkontakte/
Eifersucht

»Wenn ich ganz ehrlich bin, geht mir das richtig gegen den Strich, dass sich meine Frau noch regelmäßig mit ihrem Ex trifft. Das mag ich überhaupt nicht, weil ich mir denke, dass sie sich dann bei ihm ›ausspricht‹. Dabei hab ich gar keine Lust, von dem irgendwie bewertet zu werden. Nee, ich mag das einfach nicht. Ich hab's schon mal mit der klaren Ansage versucht: ›Entweder du lässt das, oder ich muss mich auch mal anderweitig umschauen.‹ Was meinen Sie, was da dann los war? Meine Frau ist nämlich eigentlich stinkeifersüchtig. Wenn wir mal zusammen weggehen, darf ich auf keinen Fall meine Blicke schweifen lassen, aber ihr Ex ist ihr heilig, auf den lässt sie nichts kommen … Ich weiß ehrlich nicht, wie du dir das weiter vorstellst, Brigitte!«

Respektthema
Grundwerte

»Eigentlich hätte ich es wissen müssen, als ich Vera geheiratet habe«, sagt Herr W. mit gesenktem Kopf zu seinen Knien und fährt fort: »Vera war schon immer sehr gläubig, viel mehr als ich, auch wenn wir uns im Kirchenchor kennengelernt haben. Das Singen wurde mir dann aber irgendwann zu viel, und ich hatte auch nicht mehr so viel Lust, regelmäßig zur Kirche zu gehen. Das brachte mir nichts mehr, und wenn ich so was sagte, nahm Vera das persönlich, als hätte ich ihr sagen wollen: Du bist mir nicht mehr so wichtig, weil bei mir Gott nicht an erster Stelle steht. Das ist ein ganz sensibles Thema zwischen uns, und es tut mir leid, dass wir uns darüber nicht richtig verständigen können.«

»Was ist Schlechtes dabei, Bernhard«, ergreift jetzt Frau W. das Wort, »wenn ich es wichtig finde, dass wir unsere Kinder im gleichen Sinne erziehen und ihnen ein Vorbild sind? Ich engagiere mich gerne in der Gemeinde und gehe gerne zum Gottesdienst. Dass das für dich nicht so wichtig ist, damit habe ich mich im Grunde schon lange abgefunden, aber es ist für mich sehr schwer, dass wir in Bezug auf unsere Kinder in verschiedene

Richtungen ziehen. Das fühlt sich nicht gut an, wenn wir die Kinder in eine innere Zerreißprobe schicken. Ich stelle mir vor, dass es für sie ein richtiger Loyalitätskonflikt ist, wenn Papa und Mama so unterschiedlich von so grundlegenden Werten sprechen und danach leben.«

»Als wir vor acht Jahren geheiratet haben, Eva und ich, war eigentlich alles wunderbar.« Herr M. ist ein stattlicher Mann, Mitte fünfzig, in gehobener Position, seine Frau mag fast zwanzig Jahre jünger sein. »Sie hat das ohne Murren akzeptiert, dass ich die wichtigen Dinge im Leben entscheide. Hat ihr auch wohl ganz gut gefallen, dass das mit dem Finanziellen geregelt war und so weiter. Das ist ja prima, hab ich gedacht, ist das also schon mal geklärt. Jetzt hat es sich aber in den letzten Jahren ganz anders entwickelt, und meine Eva wird immer fordernder. Wenn alles so geblieben wäre wie damals abgemacht, wäre alles okay. Ich bin schlichtweg verunsichert, wie das weitergehen soll. Bei uns brennt jetzt regelmäßig die Hütte, und wir haben richtig Krieg manchmal, kann man sagen, Eva, oder?«

Respektthema
Einfluss und
Macht

Frau M., attraktiv, sonnenbankgebräunt, wirkt müde von den häuslichen Kämpfen: »Ja, das kann man sagen. Ich weiß nicht, wie ich dir verständlich machen kann, dass ich noch mehr im Leben möchte, als nur die liebreizende Frau an deiner Seite zu geben. Ich habe doch auch Ideen und Wünsche, und immer geht es nach deiner Pfeife. Wenn ich mal etwas möchte, hörst du überhaupt nicht zu. Ich fand außerdem nicht, dass das damals so abgemacht war …«

So weit die häufigsten Konfliktthemen und Kommunikations-»Sackgassen«.

Haben Sie übrigens mitgezählt, wie oft ein »Du« in diesen Beispielzitaten vorkam? Oder eine Partnerin, ein Partner in der dritten Person? Wenn Sie jetzt schon wissen möchten, wie man es »besser« machen kann, steigen Sie einfach schon ein in den »Grundkurs respektvolle Kommunikation« ab S. 94.

Ich wende mich jetzt erst mal der Frage zu, die meist in den

Blicken der »festgefahrenen« Paare zu lesen ist: »Haben wir denn noch eine Chance?«

Die Antwort lautet: Je größer der gegenseitige Respekt, je spürbarer die Achtung voreinander (noch) ist, desto besser.

Ein respektvolles, befriedigendes Miteinander wird umso wahrscheinlicher, je tragfähiger und stärker das gemeinsame Fundament von Liebe, Freundschaft und gegenseitiger Wertschätzung ist.

Wie stark ist unser gemeinsames Fundament (noch)?

Woran können Sie die Haltbarkeit, die Stärke dieses Fundaments »ablesen«?

Antwort-Hinweise geben folgende Beobachtungen:

Gesprächsauftakt Wie eröffnen Sie und Ihr Partner ein Gespräch? Konfrontativ oder in Form von »Ich-Sätzen«? Steht am Anfang ein Vorwurf, eine Schuldzuweisung? Oder wird in die erste Darstellung der Situation auch bereits die »andere Seite« mit einbezogen?

Kommen eigene Gefühle und Bedürfnisse zu Wort, oder bleibt es bei »sachlicher Beschreibung« und Sarkasmus?

Wie hören Sie sich als Partner zu? Lassen Sie Ihre gegenseitigen Schilderungen einer Situation als subjektive Sichtweisen stehen oder korrigieren Sie die Beschreibung Ihres Partners, »wie es in Wirklichkeit ist«?

Apokalyptische Reiter Wie viele der »apokalyptischen Reiter« galoppieren schon durch Ihren Paar-Alltag?

Nach einem Konzept des amerikanischen Ehe-Forschers John Gottman kündigen die zunehmend auftauchenden Reiter eine schleichende Krise, wenn nicht die Trennung, an:

Sie trampeln den Respekt mit Hufen.

Die vier apokalyptischen Reiter sind:

- Verletzung/Kritik
- Verachtung
- Verleugnung/Rechtfertigung
- Rückzug/Kontaktabbruch.

Ich merke sie mir mit der Eselsbrücke der Anfangsbuchstaben: Apokalyptische Reiter = VVVR.

Verletzende Kritik, Beschwerden als persönlicher Vorwurf, die Schuld und Versagen implizieren. (»Das ist so typisch für dich!«) **1. Reiter**

Verachtung, oft ausgedrückt durch Sarkasmus und Zynismus. Oder durch Verfluchen, Augenrollen, Verhöhnen und respektlosen, abschätzigen Humor. In welcher Form die Verachtung – der gefährlichste der vier Reiter – auch auftritt, sie wirkt vergiftend auf eine Beziehung. Es ist so gut wie unmöglich, ein gemeinsames Problem zu lösen, wenn mein Partner erlebt, dass ich ihn ablehne – und umgekehrt: Wie kann ich mich öffnen, wenn mir nur »ätzende Jauche« entgegengeschleudert wird. Verachtung nährt den Konflikt und löst nichts. **2. Reiter**

Verleugnung durch Rechtfertigung und Gegenangriff: »Wieso? Was hab *ich* damit zu tun? Das Problem liegt doch wohl bei *dir*.« Solche Worte wirken wie eine dosierte Aufkündigung der Beziehung: »Mach, was du willst, ich hab damit nichts zu tun.« **3. Reiter**

Rückzug und »Mauern« sind eigentlich schon die letzte Windung der sich abwärts drehenden Spirale: Kein Blickkontakt, kein Nicken mehr auf die Worte des anderen, keine Erwiderung, stummes Hoffen, das »irgendetwas passiert«. **4. Reiter**

Und meist gibt es noch einen »fünften Reiter«. Er steht für Machtausübung und Machtdemonstration: »Du kannst mir gar nichts, ich bin dir sowieso überlegen ...« Gerade auch als Abwehr von eigenen Ohnmachtsgefühlen spielt das »Gerangel um Macht« auf allen Stufen des Isolations- und Trennungsprozesses eine wichtige Rolle (siehe auch Grundkurs: Die Fallstricke der Kommunikation, ab Seite 95). **5. Reiter**

Affektive Überflutung Wie oft kommt es bei Ihnen im Streit zu Erlebnissen der sogenannten »affektiven Überflutung«? Herr D. sagt zum Beispiel: »Ich weiß einfach nicht mehr weiter, wenn Gudrun mich so anschreit. Dann bin ich total gestresst und stehe im Grunde neben mir. Ich glaube, das ist gar nicht gut. Weder für unsere Beziehung noch für meine Gesundheit. Ich will das auch nicht mehr!«

Und seine Frau erwidert: »Das liegt ja nur daran, dass du mich dann einfach ignorierst und ich bei dir mit meinem Anliegen gegen eine Wand laufe. Das macht mich total fertig, ich fühle mich dann ohnmächtig und gleichzeitig rasend …«

Offenbar sprechen beide Ehepartner von der emotionalen und gleichzeitig physiologischen »Überflutung«.

Misslingende Rettungsversuche Welche Rettungsversuche gibt es bei Ihnen noch zur Vermeidung einer Eskalation? Welche sind erfolgreich, welche nicht? Kommen Sätze wie »Bitte lass uns eine Pause machen?« oder »Das ist mir jetzt zu viel« noch an? Wer unternimmt die Rettungsversuche bei Ihnen? Und wie reagieren Sie beziehungsweise Ihr Partner auf diese Versuche? Können Sie eskalierenden Streitigkeiten so noch die Schärfe nehmen oder »ist dann irgendwie kein Halten mehr«?

Je öfter Rettungsversuche zur Schadensbegrenzung bei »verclinchten« Paaren im Alltag scheitern, desto schlechter ist die Prognose (siehe Grundkurs: Die weiße Fahne hissen: Friedensangebote annehmen, ab Seite 118).

Negativer Rückblick Überwiegen die positiven Erinnerungen an die gemeinsam erlebte Zeit bei Ihnen die negativen? Denken Sie häufiger an schöne Erlebnisse und Erfolge zurück, oder hat der »ewige Streit« bereits mehr Einfluss auf Ihr tägliches Erleben als die gespürte gemeinsame Basis aus guten Zeiten – dann steht es schlecht um Ihre Beziehung.

Respektvoller Umgang mit Veränderungswünschen

Mehr oder weniger direkt sind in den oben geschilderten Praxisbeispielen zu den großen Konflikt-/Respektthemen auch schon Veränderungswünsche ausgesprochen worden. Die Hoffnung stirbt also zuletzt. Und mehr oder weniger explizit gehen bei den Anfangsklagen die Wünsche in Richtung des Partners bzw. der Partnerin. »Bitte ändere du dich, damit es mir besser geht. Ich kann mich ja immer noch ändern, wenn ich merke, dass es Sinn macht ...«

Prägnant formuliert ist das meist die manchmal ausgesprochene, manchmal stille Sehnsucht: »Wenn du nur anders wärst, könnte ich endlich wieder zufrieden werden und wir hätten eine strahlende Zukunft.«

Beide Partner fühlen sich in der Regel festgefahren, mit ihrem »Latein am Ende«, in ihrem Bemühen zur Klärung nicht ausreichend gewürdigt und insgesamt »ungerecht behandelt«.

Damit überhaupt etwas in Bewegung kommen kann, muss eine Art Agreement geschlossen werden, ein »Arbeitsbündnis des Respekts«.

Die Überschrift dafür könnte lauten: *Keiner kann einen anderen davon überzeugen, dass er sich ändern soll. Jeder von uns bewacht ein Tor zur Veränderung, das nur von innen geöffnet werden kann.* Das heißt: Ich kann den anderen nur bitten, das Tor von innen zu öffnen.

Das Arbeitsbündnis des Respekts   Grundbaustein

Wie könnte das Agreement unter diesem Motto konkret aussehen?

1. Wenn ich mir Veränderung von meinem Partner wünsche, wird er nur dazu bereit sein, wenn er spürt, dass ich ihn in seiner Person grundlegend achte, akzeptiere und wertschätze.
2. Wenn mein Partner sich von mir Veränderung wünscht, ist es hilfreich, mir zu vergegenwärtigen, dass in einer Beziehung die

Anpassung an die Eigenarten und Wünsche des anderen notwendig ist. Sonst ist es keine Beziehung. Ich sollte mich überprüfen, ob ich bereit bin, diese Anpassungsleistung zu erwägen bzw. zu erbringen.

3. Bevor ich meinen Veränderungswunsch an meinen Partner formuliere, sollte ich mich selbstkritisch prüfen: Schiebe ich ihm mit meinem Wunsch nach Veränderung Verantwortung für etwas zu, für das ich selber Verantwortung übernehmen müsste?

4. Unser Verhalten hat drei Wurzeln: unsere persönlichen Eigenarten, unsere Erziehung und unsere Gewohnheit. All das ist fest in unserer Persönlichkeit verankert. Deshalb sollten Veränderungswünsche bei beiden Partnern von gegenseitigem Willen zum Verständnis für diese Wurzeln begleitet sein. Und von viel Geduld.

5. Zu einer gemeinsamen Basis für Veränderungen kann es nur kommen, wenn ich die an mich gerichteten Wünsche in ihrer Berechtigung anerkenne, selbst dann, wenn ich sie nicht erfüllen kann oder will. Wenn ich den Wunsch, das Bedürfnis des anderen abwerte, verletze ich ihn in seiner Person und damit unsere Beziehung.

Ohne diesen Perspektivwechsel, die Person des anderen wirklich (wieder) mit in den Blick zu nehmen und zumindest die Tür wieder einen Spalt zu öffnen, lässt sich vermutlich nicht mehr viel bewegen (siehe auch die 1. Tür: Deine Welt ist anders als meine, ab Seite 48).

Wenn die Reserven der Toleranz schon aufgebraucht sind, kann eine einvernehmlich moderierte Trennung auch ein Erfolg sein.

Hier gilt der Satz: Ohne Toleranz können wir kein Mitgefühl entwickeln. Und ohne Mitgefühl kann keine Beziehung (über-)leben.

Es geht also um die Bereitschaft des einen, die Erfahrungen, Emotionen und Träume des anderen wirklich zu respektieren – und umgekehrt.

In Partnerschaft und Beziehung reiben oder stoßen wir uns regelmäßig an drei Prüfsteinen, die sich als »die drei großen Fragen« formulieren lassen:

- Bin ich bereit, den Menschen an meiner Seite mit seiner *Vergangenheit* zu respektieren, so wie er sie gelebt hat, bevor wir zusammengekommen sind?
  (Diese Frage betrifft die familiäre Herkunft, Schule, Ausbildung, Berufswahl, Interessen und vor allem frühere Beziehungen.)
- Bin ich bereit, den Menschen an meiner Seite in seiner *Gegenwart* zu respektieren, so wie er sie momentan erlebt?
  (Diese Frage betrifft aktuelle, aus dem früheren Erleben gespeiste Emotionen und Reaktionen, aktuelle Bedürfnisse und Grenzen sowie persönliche Lösungsversuche.)
- Bin ich bereit, den Menschen an meiner Seite mit seinen Vorstellungen für die *Zukunft* zu respektieren?
  (Diese Frage betrifft die Wünsche zur persönlichen und gemeinsamen Entwicklung, die Zukunftssehnsüchte und Träume.)

Zur näheren Erläuterung der drei »Prüfstein-Fragen« müssen wir ein bisschen ausholen:

Die »Schatten der Vergangenheit«

Es kann ja zum Beispiel sein, dass Sie oder Ihr Partner eine »respektlose Kindheit« erlebt haben. Dann wäre es unmittelbar einleuchtend, dass dieses frühe Erleben auch Einfluss auf den »Respekt-Grad« in Ihrer Beziehung haben wird. Habe ich zum Beispiel die Achtung und Anerkennung meiner Eltern, Geschwister und/oder Lehrer schmerzlich vermisst, werde ich mich möglicherweise latent zweifelnd oder auch sehnsuchtsvoll fordernd in meinen Partnerschaften verhalten. Oder andersherum wird es Auswirkungen auf meine »Beziehungsgestaltung« haben, wenn ich damals die Prinzessin oder der Prinz war mit reichlich Zuwendung bis hin zur Verwöhnung.

Natürlich gilt es, all das respektvoll zu berücksichtigen bzw. sich zuallererst bewusst zu machen. Wie war das damals – was bringen wir in Sachen Respekt, Verlässlichkeit und Bindung »von zu Hause mit«? Eine spannende Entdeckungsreise beginnt.

Am Anfang einer Liebe sind wir gerne bereit, all das »aufzusaugen«, was der andere aus seinem Leben erzählt: »Und im Winter haben wir dann immer eine riesige Schneehöhle gebaut, und ich habe mich darin genauso wohlgefühlt wie bei dir.« – »Das war so was von eklig: Mein Mathelehrer hatte einen absolut fiesen Mundgeruch, und außerdem konnte er überhaupt nicht erklären. Kein Wunder, dass ich heute so schlecht im Rechnen bin.« – »Als ich fünfzehn war, ist meine Oma gestorben, und ich weiß noch genau, wie ich auf dem Friedhof ganz doll weinen musste.«

Die Puzzlestücke lassen ein Bild entstehen, wie wir uns früher gefühlt haben, was wir erlebt, was wir vermisst und uns gewünscht haben. Dabei rollt der Vergangenheits-Prüfstein langsam ins Bild – darauf steht: *Bin ich bereit, mich und den Menschen an meiner Seite zu respektieren mit dem, was wir »mitbringen« an Erfahrungen, Prägungen und »Vorbildern«?*

Etwas heikler wird es schon mit den Informationen über die »Verflossenen«, die oft mit einer tückischen Doppelbotschaft verbunden sind: »Erzähl mir darüber, wie es mit ihnen war, aber sage nichts, was mich kränken könnte!« Wie damit umgehen? In dieser Zwickmühle werden dann mitunter Informationen geschönt, banalisiert oder schlichtweg »vergessen«, um den Liebesfrieden nicht zu stören. »So guten Sex wie mit dir hatte ich noch nie.« – »Ich weiß auch nicht, warum ich mich damals auf die eingelassen habe. Eigentlich war sie gar nicht mein Typ.« – »Das war im Grunde nur so eine kurze Affäre, die hatte keine wirkliche Bedeutung.«

Aber wenn dann beim gemeinsamen Umzug zufällig doch der Karton mit den »Erinnerungsstücken« an vergangene Beziehungen zutage tritt, sind bohrende Fragen sehr wahrscheinlich:

»Warum hast du denn das alles noch aufbewahrt? Du hast doch gesagt, da sei gar nichts gewesen …«

In dieser prekären Situation schiebt sich der Vergangenheits-Prüfstein wieder mal ins Bild: *Bin ich wirklich bereit, den Menschen an meiner Seite zu respektieren mit dem, was er »mitbringt«, und dem, was er vor »uns« erlebt hat?*

Denn wie er durch Herkunftsfamilie und frühere Beziehungen geprägt wurde, bestimmt, wie er heute »tickt« und reagiert. Die unterschiedliche Gegenwart

Da gerät das Paar B. regelmäßig heftig aneinander, weil Herr B. »alles haarklein im Voraus durchplanen muss« (O-Ton Frau B.) und Frau B. »alles ganz unverbindlich angehen will« (O-Ton Herr B.).

Und das Ehepaar H. hat häufig Streit über das unterschiedliche Bedürfnis nach Ordnung im Haushalt. Frau H. sagt: »Ich kenne das eben so von zu Hause.« Und Herr H. meint: »Bei uns war das anders. Mir ist das einfach zu viel mit deinem Putzfimmel.«

Herr F. wiederum demonstriert verständnisvolle Nachdenklichkeit: »Ich weiß ja, dass die Seitensprünge deines Ex dich kirre gemacht haben. Nun bist du aber mit mir zusammen, und ich versichere dir, dass ich dich nicht betrüge.«

Das wäre eine mögliche Antwort auf den Gegenwarts-Prüfstein, der heißt: *Bin ich bereit, den Menschen an meiner Seite mit seinen aktuellen Emotionen und Reaktionen, Bedürfnissen und Grenzen zu respektieren, so wie er sie erlebt?*

Also kein: »Warum regst du dich eigentlich immer so auf?« oder: »Du bist einfach unausstehlich mit deiner Sicherheitsmacke!«, sondern: »Was ist es jetzt genau, was dich so nervt?« oder: »Okay, ich weiß, dass das ein heißes Eisen ist. Lass uns mal in Ruhe darüber reden.« (Siehe auch die 5. Tür: Gefühle sind Gefühle, ab Seite 68.)

Und natürlich lebt der Mensch nicht nur vom Gestern und im Heute, sondern auch mit seinen Sehnsüchten und Wünschen, seinen Zielen und Träumen im Morgen. Die Wünsche und Träume der Zukunft

Es ist uns nicht immer bewusst, was uns antreibt oder »anzieht«. Aber natürlich gibt es eine breite Palette von Lebenszielen und -entwürfen, von deren Verwirklichung wir uns Glück und Zufriedenheit versprechen:

»Ich habe mir schon immer einen Hund gewünscht.«

»Wenn ich ehrlich bin, würde ich gerne einmal im Leben auf einer Bühne stehen und alle klatschen. Das ist so ein Kindertraum von damals.«

»Lass uns mal überlegen, wie lange wir sparen müssten, um das mit dem Bauernhaus wirklich angehen zu können.«

Schwierig wird es dann, wenn diese ausgesprochenen (oder unausgesprochenen) Wünsche und Sehnsüchte vom Partner »mies gemacht werden«, zum Beispiel mit den Worten: »Das ist doch lächerlich« oder »Bist du jetzt völlig übergeschnappt?«

Dann ist dem Paar der Zukunfts-Prüfstein schmerzhaft auf die Füße gefallen. Darauf steht:

Bin ich in der aktuellen Begegnung bereit, den Menschen an meiner Seite mit seinen Vorstellungen zur persönlichen und gemeinsamen Entwicklung zu respektieren, ihm beim Äußern seiner Wünsche zuzuhören und in seinen Sehnsüchten ernst zu nehmen, auch wenn ich ganz andere habe?

In glücklichen Beziehungen besteht keiner der Partner darauf, dass der jeweils andere seine Träume aufgibt. Im Gegenteil: Beide Partner machen es sich zur Aufgabe, möglichst viele Träume und Ziele gemeinsam zu realisieren.

Fazit: Wer den anderen respektiert, lässt ihn gelten, so wie er ist, wie er gewesen ist, wie er sein will und sein wird.

Den Unterschied machen: Lösbar oder »ewig«?

Wie gesagt: Meist drehen sich Streitgespräche und zermürbende »Kleinkriege« um eine Variation der oben beschriebenen Konfliktthemen Berufsstress, Geld, Sexualität, Verwandtschaft, Kinder und Erziehung, Hausarbeit, Zukunftspläne, Eifersucht, unterschiedliche Grundwerte, Einfluss und Macht. Manchmal kommen andere hinzu.

Hilfreich bei der systematischen »Befriedung« scheint mir die Unterscheidung, die John Gottman in seinem Buch »Die 7 Geheimnisse der glücklichen Ehe« eindrücklich beschreibt. Es ist die Unterscheidung zwischen lösbaren und – wie er sie nennt – ewigen Problemen.

Klingt abschreckend – »ewige Probleme«, ist aber wohl realistisch.

Gottman schreibt: »Sicher haben Sie den Eindruck, Ihre Situation sei außergewöhnlich, doch haben wir festgestellt, dass alle Ehekonflikte, von allgemeinen Anschuldigungen bis zu heftigen Kriegen, sich in zwei Kategorien aufteilen lassen: Entweder können sie gelöst werden, oder sie sind ewig und werden somit immer in irgendeiner Form Teil Ihres Lebens sein. Wenn Sie gelernt haben, Ihre Verschiedenheit zu erkennen und einzuordnen, dann wird es Ihnen auch möglich sein, Strategien zu entwerfen, wie Sie damit fertig werden können.«

Der Hinweis auf diese Unterscheidung ist deshalb hilfreich, weil viele Paare unter dem Druck zu stehen scheinen: »Wenn wir nicht alles lösen und ausräumen, was zwischen uns steht, können wir nicht mehr zusammenbleiben.«

Da entspannt die Mitteilung: »Sie müssen nicht zwangsläufig alle Differenzen lösen, Sie müssen sie nur kennen und respektieren. Wir sollten also auf die Suche nach lösbaren Problemen in Ihrem Leben gehen und diese anpacken. Und sollte sich bei dieser Suche herausstellen, dass es eine Pattsituation zu einem bestimmten Thema gibt, gilt es, diese als solche zu benennen und sich gemeinsam schöneren Dingen zuzuwenden.«

Gottman schreibt: »Das Ziel, wenn es darum geht, eine Pattsituation zu überwinden, ist nicht, das Problem zu lösen, sondern eher, aus der Zwickmühle ins Gespräch zu kommen. Der unüberwindbare Konflikt wird in Ihrer Ehe immer ein ständiges Thema sein, doch eines Tages werden Sie imstande sein, darüber zu reden, ohne einander zu verletzen. Sie werden lernen, mit dem Problem zu leben. Um den Weg aus einer Pattsituation zu finden, müssen Sie zuerst einmal begreifen, wo die Ursachen liegen.«

Dazu regt er an: Werden Sie ein Traum-Detektiv und fragen Sie sich und Ihren Partner: Was könnten meine Träume in / hinter diesem Konflikt sein? »Die tiefsten und persönlichsten Hoffnungen und Träume des anderen wahrzunehmen und zu respektieren ist der Schlüssel zur Bewahrung und zur Bereicherung Ihrer Ehe.« Klingt gut und einen Versuch wert.

Grundbaustein   **Vier-Punkte-Plan für Pattsituationen**

Auf der Basis der bewusst gemachten und ausgesprochenen Träume schlägt Gottman einen »Vier-Punkte-Plan« zum Umgang mit Pattsituationen vor:

1. Sie definieren die Mindestforderungen in der »Dauerfrage«, bei denen Sie keine Zugeständnisse machen können.
2. Sie definieren die Bereiche, in denen Sie flexibel sein können.
3. Sie entwerfen einen befristeten Kompromiss, der die Träume von beiden berücksichtigt.
4. Sie akzeptieren den »immerwährenden« Teil des Konflikts und wenden sich den positiven Teilen Ihrer Beziehung zu.

Es gilt also vieles zu reflektieren, auszusprechen, anzuhören und zu verhandeln.

Solange das alles in einer respektvollen Gesprächsatmosphäre geschieht, kann es die Beziehung nur bereichern und zu dem befriedigenden Gefühl auf allen Seiten führen, das im Titel dieses

Kapitels als Motto formuliert ist: »Lieben ist schöner als Siegen« oder anders: »Das Wir zu spüren macht reicher als das einsame Ich.«

So sagt zum Beispiel Frau G. im Rückblick: »Ich habe es in letzter Zeit zunehmend gespürt, dass mir etwas fehlt in unserer Beziehung, bis ich dahinterkam, dass es mir ganz wichtig ist, Respekt und Bewunderung für meinen Mann empfinden zu können. Es klingt vielleicht komisch, aber ich will auch mal zu ihm aufschauen und ihn bewundern können. Ich bin sehr froh, dass dieses Gefühl immer mal wieder zurückgekehrt ist, zum Beispiel ist meine Achtung ganz doll gestiegen, als er sich nicht mehr – wie sonst früher – versteckt hat, sondern wirklich mal zugelassen hat, dass wir gemeinsam ›hinter die Kulissen schauen‹. Das war ja nicht immer leicht, aber ich habe gemerkt: ›Er will es wirklich.‹ Und das hat mir sehr imponiert. Während dieser offeneren Annäherung habe ich auch die liebenswerten Eigenschaften wiederentdeckt, für die ich ihm gegenüber Achtung empfinde und die mir irgendwie ›verloren gegangen‹ waren.«

Offenbar lohnt sich die Arbeit, sich auf die Suche nach dem verloren gegangenen Respekt zu machen, der in den Mühlen des Alltags »versickert« war.

Als Ausgangspunkt für den nächsten Abschnitt »Ein Schlüssel und zehn Türen – Die zehn Gebote des Respekts« stellt sich die interessante Frage:

»Gibt es irgendeine Regel, um zu wissen, ob eine Ehe funktionieren wird?«

Mitch Albom stellte sie seinem Professor Morrie Schwartz (1916–1995), den er regelmäßig dienstags an dessen Krankenbett besuchte.

Morrie lächelte. »Die Dinge sind nicht so einfach, Mitch.«

»Ich weiß.«

»Freilich«, sagte Morrie, »gibt es für die Liebe und die Ehe ein paar Regeln, von denen ich weiß, dass sie wahr sind.

Wenn du den anderen nicht respektierst, dann wirst du eine Menge Probleme haben.

Der wichtigste Wert

Wenn du nicht weißt, wie man Kompromisse schließt, dann wird es schwierig werden.

Wenn du nicht offen darüber reden kannst, was zwischen euch abläuft, dann wirst du ebenfalls große Schwierigkeiten bekommen.

Und wenn ihr im Leben nicht bestimmte gemeinsame Werte habt, dann werdet ihr beide jede Menge Probleme haben. Eure Werte müssen ähnlich sein.«

»Und welches ist der wichtigste jener Werte?«

»Euer Glaube an die *Wichtigkeit* eurer Ehe.«

Er schniefte und schloss dann für einen Moment die Augen.

Ein Schlüssel und zehn Türen: Die zehn Gebote des Respekts

Auch wenn sie mitunter in Vergessenheit geraten, kennt sie doch »jedes Kind«. Sie sind ein paar tausend Jahre alt und wirken auch heute noch »wie in Stein gehauen«.

Ich spreche von den »Zehn Geboten«, dem Dekalog aus dem Alten Testament, von der Grundlage der christlichen Ethik. Interessiert sich heute noch jemand dafür?

Bitte entscheiden Sie! Ich erwähne sie deshalb an dieser Stelle, weil sie alle – und das ist spannend – etwas Wichtiges über Respekt aussagen. Das fängt beim ersten ganz oben an – Achte Gott! – und endet bei den Verlockungen des Seitensprungs – Respektiere die Ehe deines Nachbarn!

Schon beeindruckend. Aber vielleicht muss ich es für dieses Buch etwas anders formulieren.

Meine Frau und ich freuen uns auf einen entspannten, gemeinsamen Abend und ein unterhaltsames Theaterstück. Der freundliche junge Mann am Treppenaufgang schaut auf die Karten, sagt: »Bitte die zweite Tür rechts!« und wünscht uns einen schönen Abend.

Wir drängen uns an den schon Sitzenden vorbei – »Danke schön!«, »Danke schön!« –, finden unsere Plätze in der elften Reihe und sind gespannt.

Ganz »abschalten« kann ich noch nicht. So frage ich meine Frau neben mir: »Was könnte man eigentlich noch sagen für Leitsatz oder Grundregel?«

Ihr Gesicht zeigt »Überraschung«.

»Ja, ich will im Respekt-Buch doch zehn Kapitel einbauen, das sollen so was wie Thesen sein – oder Grundsätze, was eben entscheidend ist für eine respektvolle Beziehung. Wie kann man das besser ausdrücken? Ursprünglich dachte ich an ›Die zehn Gebote‹. Das wäre aber etwas angestaubt und auch zu streng ...«

So entwickelt sich in der elften Reihe Parkett in den Hamburger Kammerspielen ein spontanes Brainstorming, bis meine Frau – mit einem Blick an mir vorbei zu den Seiteneingängen – fragt:»Wie wär's mit Türen?« – Pause. Nachdenken.

»Nicht schlecht«, sage ich dann. »Danke!«

So spiele ich in der Folge mit dem Bild der Türen – zehn Türen, die im Theater des Lebens und der Partnerschaft mit dem Schlüssel des Respekts zu öffnen sind. Bitte probieren Sie es aus!

Die erste Tür sieht unscheinbar aus, wirkt fast banal, ist aber – aus der Nähe betrachtet – eine ernsthafte Herausforderung:

1. Tür: Deine Welt ist anders als meine
Oder: Von der Egophonie zur Polyphonie

Stellen Sie sich bitte Folgendes vor: Sie kommen vom Einkaufen nach Hause, zwei bis drei volle Plastiktüten in jeder Hand. Und jetzt müssen Sie an den Haustürschlüssel in Ihrer Manteltasche kommen. Natürlich wollen Sie die prallen Einkaufstüten so abstellen, dass sie nicht umfallen – auslaufender Wein ist hässlich, zerquetschter Joghurt ebenso. Nun passiert aber etwas, was offenbar zu den Grundgesetzen des Alltags gehört: Die Plastiktüten sind labil, und egal, wie Sie sie hinstellen, sie neigen sich zur Seite – sie führen ein Eigenleben, die Statik betreffend, haben irgendwie »ihren eigenen Kopf«. Manchmal fallen sie aus Trotz und nur, um Sie zu ärgern, trotzdem um, möglicherweise sogar in dem Moment, in dem Sie die Haustür aufschließen und sie nicht festhalten können. Das HB-Männchen lässt grüßen ...

Oder ein anderer »Klassiker« der unbelebten Materie: Die Staubsaugerschnur. Stecker rein, Schnur rausgezogen, eingeschaltet, losgelegt mit dem stets sperrigen Staubsaugerhals. Und dann passiert es wieder: Gerade für die hinterste Ecke, die es am nötigsten hat, reicht die Schnur nicht aus. Außerdem fährt sich das blöde Gerät offenbar absichtlich, auf jeden Fall grundsätzlich, an den Türecken fest, als wenn es Extrazuwendung durch Umplatzierung braucht.

Nur zwei Beispiele für Dinge und Geräte, mit denen ich aneinandergerate, technische Hilfsmittel, sozusagen tote Materie – aber diese Materie »macht« einfach nicht das, was ich will, was ich in dem Moment brauche, was ich in Gedanken schon so gut »vorgedacht« habe. Es muss doch möglich sein, dass die Einkaufstüten nicht umfallen! Und warum lässt der Staubsauger mich so elendlich hängen beim letzten Stück unter dem Sofa? Die machen einfach nicht mit, ziehen stoisch ihr eigenes Ding durch – und ich »räume hinterher«, ob ich will oder nicht.

Warum erzähle ich das alles? Habe ich eine Plastiktüten-Staubsauger-Neurose?

Kann schon sein, zumindest lassen mich diese Phänomene, die Neuronen betreffend, (vorsichtig ausgedrückt) nicht gleichgültig. Entscheidender ist in Bezug auf den Respekt und den Frieden in unserer Beziehung die Frage: Was ist eigentlich, wenn *meine Frau* einfach nicht macht, was ich will?

Weiß sie (immer noch) nicht, was ich brauche?

Warum besetzt sie im Badezimmer alle Ablageflächen mit ihren Fläschchen? Ich kann das nicht haben, wenn ich morgens, noch knurrig, meinen Rasierapparat nicht weglegen kann.

Warum besteht sie darauf, sofort (und teuer!) zu tanken als später an einer »Billig«-Tankstelle? Warum hat sie bloß solche Angst, dass wir irgendwo »liegen bleiben«, und vertraut der Leuchte für die Benzinreserve nicht? Oder besser: Warum vertraut sie mir nicht??

Warum ist sie enttäuscht, wenn ich etwas, worum sie mich gebeten hat, wirklich ausnahmsweise mal vergesse? Es war doch keine böse Absicht von mir!

Und schon stehen wir mit all diesen und vielen weiteren Fragen des Miteinanders vor der ersten Tür des Respekts. Wenn wir zueinanderkommen wollen, müssen wir durch diese Tür. Sie ist schlicht, dafür aber ziemlich massiv und sperrig – und darauf steht: *Deine Welt ist anders als meine.*

Zwei Tunnel treffen sich selten im Berg

Na, was für eine Erkenntnis, werden Sie sagen. Ich sage: Langsam voran. Es ist nämlich enorm schwer, diese schlichte Aussage »Deine Welt ist anders als meine« im stürmischen Alltag kontinuierlich »mitzudenken«, vor allem dann, wenn ich im Zustand der »Bedürfnisbefriedigungs-Unterzuckerung« bin, wenn ich »vernagelt« bin und nur noch meinen Weg als den allein richtigen im Tunnelblick habe. Und wenn dann der Tunnelblick meiner Frau dazukommt, geht nicht mehr viel, denn zwei Tunnel treffen sich selten im Berg.

Komisch, jetzt – beim Stichwort »Langsam voran!« – fällt mir der Dalai Lama ein.

Neulich fand ich nämlich in unserem Treppenhaus – dort, wo sonst manchmal von den Nachbarn die ausgelesenen Zeitschriften *Gala*, *Für Sie* oder *Mein Haustier* zum Weiterlesen liegen – einen Abreißkalender mit »Worten der Weisheit« des Dalai Lama.

Ich nahm ihn mit und dachte bei mir: Sicher findest du darin ein paar wichtige Sätze zum Wesen des Respekts.

Der Erste aus diesem Kalender, an den ich gerade dachte, lautet:

»Das Wunderbare am menschlichen Geist ist, dass er mühelos verschiedene Standpunkte einnehmen kann.«

Klingt optimistisch und grundlegend: Wir können unseren Standpunkt, unseren Tunnelblick verlassen und ihn auf die Sichtweise unseres Gegenübers umlenken und konzentrieren. Wir können tatsächlich verschiedene Standpunkte einnehmen. Sicher ließe sich über das »mühelos« streiten – siehe oben –, aber es geht, wir Menschen sind dazu in der Lage.

Der zweite Kalendersatz führt ein Stückchen weiter: »Wenn wir selbst uns für wichtiger halten als andere Menschen, rufen wir damit nur Leid hervor.«

Uns selbst nicht für wichtiger halten als andere – das klingt nach einem Schlüssel für die erste Tür des Respekts: Du bist wichtig, ich bin wichtig, wir sind gleich wichtig. Wenn ich dich mit meiner Sicht, meiner Meinung dominieren will, kommt nichts Gutes dabei heraus.

Oder man könnte sagen: Die Beziehung zwischen uns ist wichtiger als die Einzelsichtweisen. Das Duett zählt, nicht die Solostimmen. Wer auf seinem Egophonie-Trip bleibt, wird einsam bleiben.

»Wenn wir uns einsam fühlen, sollten wir unsere Einstellung zu anderen Menschen überprüfen.« Der dritte Satz des Dalai Lama – der Abreißkalender wird zur Fundgrube.

Und kurz wandern meine Gedanken zurück zu der Unterhaltung mit meinen Kollegen über Respektspersonen. Ich glaube, der Dalai Lama ist eine …

Vielleicht können wir gemeinsam prüfen, was in Bezug auf die erste Tür des Respekts »Deine Welt ist anders als meine« zu bedenken, zu überprüfen ist.

Respekt vor anderen Wirklichkeiten — Grundbaustein

Ich könnte zum Beispiel bewusst darauf achten, wie ich den ersten Moment eines Kontaktes gestalte. Denke ich dann nur daran, was ich erreichen, bekommen, durchsetzen will, oder denke ich die andere Welt des anderen mit?

Mir gefällt es immer besonders, wenn jemand am Telefon fragt: »Passt es Ihnen gerade? Können wir einen Moment sprechen?«

Das kann natürlich pure Taktik sein oder gute Schulung in »Wie gewinne ich neue Kunden?«, aber ich finde solche Fragen prinzipiell vorbildlich, wenn heutzutage auch eher selten. Es zeigt, der Anrufer geht davon aus, dass meine Welt im Moment ganz anders ist als seine. Er fragt mich, ob es für mich ein guter Moment ist, um zusammenzukommen. Dieses Modell ist durchaus alltagstauglich für die ersten Momente der Kontaktaufnahme. So ein Vorgehen macht Ernst mit dem Respekt vor anderen Wirklichkeiten – »Wie geht es dir im Moment?« – »Passt es dir jetzt oder sollen wir uns für später verabreden?« – und signalisiert: Du bist mir wichtig – wir sind gleich wichtig. Wie können wir uns begegnen, dass es für uns beide passt?

Respekt vor anderen Erfahrungen, Vorlieben, Prioritäten und Werten

Okay, das betrifft den Erstkontakt im Alltag, aber da ist ja – fortwährend und sehr komplex – noch viel mehr.

Fangen wir mal mit der Ernährung an. Meine Frau sagt: »Ich mag kein Körnerbrot, mir schmeckt das einfache besser.« Schlicht darf es sein, wenn's was Besonderes sein soll, gerne mal ein Gewürzbrot. Ich meinerseits mag keinen Kümmel, sondern den erwähnten »Niebüller Knust«, ein körnerreiches Vollwertbrot. Meine Frau sagt: »Körner sind was für Vögel, das hat mein Vater schon immer gesagt.« – Was soll man darauf antworten?

Wie wär's mit »Ach so, deshalb … Das ist interessant.« Seitdem kaufe ich Gewürzbrot *und* Niebüller Knust. Und wir vertragen uns.

Der »Papst« der Unterschied-Literatur-Schwemme, John Gray (»Männer sind anders, Frauen auch«), bringt es auf die griffige Formel: »Wenn Männer und Frauen in der Lage sind, die Unterschiede zwischen ihnen zu respektieren, hat die Liebe eine Chance zu blühen.«

Leicht gesagt: Unterschiede respektieren.

Aber John Gray hat recht: Ohne Achtung vor den naturgemäß unterschiedlichen Erfahrungen, Vorlieben und Geschmäckern geht gar nichts in einer Partnerschaft. Und was ist mit den »Weltsichten«, den gewachsenen Werten, an denen wir uns orientieren, den »Charaktermerkmalen«, die wir ausgeprägt haben? Was ist mit unseren Prioritäten? Sind Sie zum Beispiel – frei nach Axel Hacke – ein »Behalter« oder ein »Wegwerfer«? Da geht's nämlich weiter mit den Unterschieden. Wegwerferinnen und Wegwerfer sagen regelmäßig: »Schmeiß das doch weg, das brauchen wir sicher nicht mehr.« Behalter tragen den Rest Auslegeware aber gerne doch noch in den Keller, oder auch das Befestigungskreuz für die Waschmaschine, damit sie beizeiten sicher transportiert werden kann. Wer weiß, wann man mal wieder umziehen muss?

Ich persönlich lasse auf Bücher gar nichts kommen, die müssen sehr lange gut und trocken im Keller lagern, bis ich ob der überquellenden Kartons überhaupt eine »Ausmusterung« erwäge.

Bei uns ist die Frage nach Behalter und Wegwerfer recht schnell geklärt worden – Achtung, Kalauer! –, meine Frau hebt nichts von meinen Sachen auf, dafür schmeiße ich nichts von ihren weg.

Was stand auf der Tür? Deine Welt ist anders als meine. Man muss natürlich genug Platz haben – oder mal gemeinsam wegwerfen …

Und es geht weiter: Auch deine Ideen, wie etwas Kniffliges gelöst werden sollte, sind anders als meine. Wie wir mit Konflikten der Kinder in der Schule umgehen, wie wir uns verhalten, wenn wir zu einer Veranstaltung eingeladen werden, zu der wir keine Lust haben. Wie wir den gemeinsamen Urlaub planen und wann wir ihn buchen.

Respekt vor anderen Lösungswegen

So viele Themen, so viele Unterschiede, so viele Lösungsstrategien.

Auch hier gilt: Du bist so wichtig wie ich, ich bin so wichtig wie du.

Oder, wie der Schriftsteller Max Frisch (1911–1991) sagte: »Wenn man einen Menschen liebt, so lässt man ihm jede Möglichkeit offen und ist bereit zu staunen, wie anders er ist, wie verschiedenartig.«

Ich habe deshalb schon häufig folgendes Gedicht von Reiner Kunze zur Gratulation an Hochzeitspaare verschickt. Es gefällt mir einfach und könnte als Motto an die erste Tür geheftet werden:

Rudern zwei ein boot,
der eine kundig der sterne
der andere kundig der stürme,
wird der eine führn durch die sterne,
wird der andere führn durch die stürme,
und am ende ganz am ende
wird das meer in der erinnerung
blau sein

Unterschiede nicht als Kampfansagen, sondern als Erweiterung der gemeinsamen Möglichkeiten, nicht als Gegensatz, sondern als Ergänzung – gemeinsam sind wir stärker als einsam ... Und am Ende des Tages ist das Meer ohnehin blau.

Mit dieser inneren respektvollen Haltung im Umgang mit Unterschieden, dem Schlüssel für die erste Tür, lässt sie sich öffnen. Vielleicht quietscht und ächzt sie noch ab und an, ein bisschen Übung schmiert jedoch die Scharniere.

Die erste Tür ist das Tor vor allen weiteren: »Deine Welt ist anders als meine.« Dieser Schlüsselsatz lohnt das Abspeichern. Er klingt – ausgesprochen – sehr versöhnlich in heftigen Auseinandersetzungen. Ich muss nur behalten, ihn denken zu wollen.

Und während das schwere Tor aufschwingt, fällt unser Blick auf die zweite Tür, der wir uns jetzt gemeinsam nähern.

2. Tür: Jeder Mensch will gehört werden
Oder: Es gibt nichts Schlimmeres, als keine
Antwort zu kriegen

Für diese zweite, mir sehr wichtige Tür habe ich ein paar Beispiele aus meinem aktuellen Alltag gesammelt. Vielleicht kennen Sie ähnliche.

Vor drei Wochen gab es große Aufregung bei uns im Haus. Ein Wasserrohr im Keller war gebrochen, diverse Räume wurden überschwemmt. In der Hektik drehten wir alle Hähne, die wir an den Wasserrohren im Keller des Mietshauses finden konnten, zu – ohne Erfolg, das Wasser lief weiter. Wir alarmierten die Feuerwehr, die den Keller wieder leer pumpte und zum Glück auch den entscheidenden Wasserzulauf fand und mit einer Rohrzange zudrehen konnte. Der hatte kein Drehrad mehr, weil er schon »abgegnaddelt« war und keines mehr darauf hielt.

Seitdem ist zwar das Wasserrohr wieder repariert und der Keller getrocknet – einige Bücherkartons habe ich mit dem blutenden Herzen des Behalters »entsorgt« –, nur der alte Wasserzulauf hat noch kein neues Rad zum Zudrehen. Schon mehrfach haben wir Handwerker und Hausverwaltung darauf hingewiesen – und bis heute keine Antwort. Es nervt!

Und ich möchte Ihnen – keine Bange – nur ganz kurz von dem Kampf mit meinem Internetanbieter erzählen, an den ich mich per E-Mail mit ein paar klar formulierten Fragen wandte. Nach der automatisch erstellten Sofortantwort: »Wir sind für Sie da …« bekam ich nach zwei Tagen tatsächlich eine Mail zurück. Darin wurde mir versichert, dass man sich über meine Anfrage freue und mir selbstverständlich helfen wolle. Ich müsse nur auf die »Hilfe-Website« des Anbieters gehen – da würde ich alle Antworten auf meine Fragen finden.

Dummerweise war gerade mein Problem, dass ich nicht mehr ins Internet kam …

Ich hasse Satzbausteine! Meine Mail war offenbar gar nicht gelesen worden.

1. Tag: »Herr Dr. X ist heute ganztägig auf einer Konferenz«, sagt die Assistentin am Telefon. »Ich werde ihm eine Notiz hinlegen, dass er Sie zurückruft.«

3. Tag: »Ja, ich habe ihm mitgeteilt, dass Sie angerufen haben. Ich kann leider nicht mehr tun, als ihm noch mal einen Zettel hinzulegen.«

6. Tag: »Es tut mir leid, Herr Dr. X ist heute außer Haus. Im Moment ist sehr viel los. Können Sie es vielleicht am Montag noch einmal versuchen?«

Können schon, aber wollen nicht mehr. Mit Herrn Dr. X bin ich fertig. Dummerweise brauche ich was von ihm … Aber meinen Respekt hat er verloren.

Drei Beispiele von vielen möglichen. Wie sagte es schon Theodor Fontane (1819–1898): »Bloßes Ignorieren ist noch keine Toleranz.«

Das Antworten-
defizit Unsere Welt hat ein ausgeprägtes Defizit im Antworten entwickelt.

Zu viel Ungeklärtes und Unklärbares. Die Hektik des Alltags erzeugt einen »Fragen-Überhang«. Wir können offenbar nicht mehr auf alles wirklich angemessen, soll heißen: respektvoll, reagieren. Die Formbriefe, Standardantworten, Satzbausteine haben wachsende Konjunktur. Der Mensch versucht sich zwar anzupassen, aber sein Bedürfnis nach Antwort – und damit meine ich das Grundbedürfnis nach Beachtung und Gehörtwerden – wird einfach nicht kleiner. Wir müssen damit leben, zunehmend mit vielen offenen Fragen im Gepäck herumzulaufen. Das macht uns angespannt und unzufrieden. Denn wir wollen ja immer noch gehört, beachtet, respektiert werden.

Wie oft bekommen Sie Mails, die nicht auf das antworten, was Sie gefragt haben – mal abgesehen von den unverlangt zugeschickten? Pseudoantworten, abgebrochene Halbsätze mit Tippfehlern, die andere Informationsbruchstücke ins Spiel bringen, sich aber eben nicht wirklich auf das beziehen, was Ihr Anliegen war.

Viele »Kommunikationsbausteine« machen nicht mehr satt, sondern lassen uns (weiter) fragend und hungrig nach Antwort zurück. Die höfliche oder vertraute Anrede ist ohnehin schon »ausgemustert« worden, um Zeit zu sparen. Unser Fragen, unser Angewiesensein auf andere wird allerdings nicht weniger. Im Gegenteil, beides nimmt zu. Die »Antworten« jedoch werden unverbindlicher, manche sind gar keine, sondern nur noch Worthülsen, Vertröstungen und »Abspeisungen«.

Den Vogel schoss seinerzeit ein Kollege ab, der aufgrund seiner »Standard-Reaktion« und anschließenden Unzuverlässigkeit betriebsintern den Namen »Ich-kümmer-mich-drum-Olaf« bekam. Worum er sich wirklich kümmerte, blieb unklar – zumindest wochenlang nicht um das, um das man ihn gebeten hatte.

Bei alldem geht scheibchenweise der Respekt verloren, denn der kann nur Bestand haben und gedeihen, wenn wir uns wirklich gemeint und dauerhaft in unseren Anliegen ernst genommen fühlen. Wir Menschen sind so gestrickt, dass wir uns Antworten wünschen, dass wir sie brauchen, um uns »wert zu fühlen«.

Nicht umsonst ist es für Kinder »die Höchststrafe«, wenn Eltern zu ihnen sagen »Ich rede nicht mehr mit dir« und sie dann an ihrer Schweigemauer auflaufen lassen. Es gibt nichts Schlimmeres, als keine Antwort zu kriegen. Das ist grausam. Denn eigentlich haben Kinder, hat jeder Mensch als soziales Wesen ein »Grundrecht auf Antwort«.

Wie quälend ist es zum Beispiel, wenn nach einem Streit in der Partnerschaft der Gesprächsfaden abgerissen ist. Wer macht den ersten Schritt zum Neuanfang? Wer findet zuerst die Worte wieder? Oder gehen wir bald stumm auseinander? Gruselig.

Ein weiteres Beispiel für die anstrengende »Auf-Antwort-Warteschleife«: Man hat sich wirklich Mühe gegeben mit einer Geburtstagskarte für einen Bekannten – und erhält schlichtweg keine Reaktion: »Fand er die Karte blöd oder hat er gar kein Interesse mehr an mir? Liegt er im Krankenhaus oder ist die Karte überhaupt nicht angekommen?« Die Spekulationen blühen.

Oder stellen Sie sich vor, Sie haben sich gerade gemütlich unter Ihre Bettdecke gekuschelt und die Nachttischlampe ausgemacht. Der Mensch an Ihrer Seite ebenso. Sie sagen »Gute Nacht!« oder »Schlaf schön!« und – es bleibt still. Anders als sonst kommt heute keine Antwort, kein »Du auch« oder »Träum was Schönes!« Merkwürdig. Irritierend. War irgendwas, was ich heute nicht bemerkt habe? Soll das Schweigen ein Zeichen sein? So schnell geht es doch nun auch nicht mit dem Einschlafen …

Es kann sehr beunruhigend, ja quälend sein, wenn man ohne Antwort bleibt. Die Fragezeichen kriechen aus ihren Löchern. Und all das nagt am Selbstwertgefühl.

Umso schöner ist es, wenn meine Frau plötzlich sagt: »Ich habe noch mal darüber nachgedacht, was du vorgestern nach dem Aufwachen gesagt hast.«

Das fühlt sich gut an. Ich bin gehört worden, und es wirkt – sogar noch nach zwei Tagen.

»Was war das denn?«, frage ich neugierig zurück.

»Du hast gesagt, du seist so froh, dass wir uns wirklich antworten.«

Grundbaustein   Antworten ist Geben

Antworten ist Kontakt, Antworten ist Respekt und Wertschätzung, Antworten ist Geben.

»Was gibt ein Mensch dem anderen? Er gibt etwas von sich selbst, vom Kostbarsten, was er besitzt, er gibt etwas von seinem Leben, er gibt ihm etwas von dem, was in ihm lebendig ist, von seiner Freude, von seinem Interesse, von seinem Verständnis, von seinem Wissen, von seinem Humor, von seiner Traurigkeit – von allem, was in ihm lebendig ist. Indem er dem anderen auf diese Weise etwas von seinem Leben abgibt, bereichert er ihn, steigert er beim anderen das Gefühl des Lebendigseins und verstärkt damit dieses Gefühl des Lebendigseins auch in sich selbst. Er gibt nicht, um selbst etwas zu empfangen; das Geben ist an und für sich eine erlesene Freude.« Kann man es schöner sagen als Erich Fromm in seiner »Kunst des Liebens«?

Und Fromm geht noch einen Schritt weiter. Das Geben, das Antworten ist zugleich Verantwortung: »Das Verantwortungsgefühl ist etwas völlig Freiwilliges; es ist meine Antwort auf die unausgesprochenen oder auch ausgesprochenen Bedürfnisse eines anderen menschlichen Wesens. Sich für jemanden ›verantwortlich‹ zu fühlen, heißt fähig und bereit zu sein zu ›antworten‹.«

Dieser Gedanke führt uns zur dritten Tür, dem Verantwortungsgefühl, der Verlässlichkeit.

3. Tür: Ein guter Grund für die Partnerschaft: Verlässlichkeit

»Wer in einer Ehe nur glücklich sein will, sollte nicht heiraten. Glücklich machen, das ist es, worauf es in einer Partnerschaft ankommt.« Diesen griffigen Satz aus meinem »Praxis-Zettelkasten« nutze ich zum Zitieren in besonderen Beratungssituationen.

»Nicht nur glücklich sein …« – »glücklich machen …« – Klingt gut, ist aber auch leicht gesagt.

Wie geht das? Was ist dafür notwendig?

Zuerst einmal braucht das Haus des Glücks ein solides Fundament, eine feste Basis – und dieser Grund für die Partnerschaft heißt Vertrauen.

Die Vertrauensbasis

Ich setze mein Vertrauen in dich, dass du mir nicht schadest, dass du mir nicht wehtust, dass du mich ernst nimmst und mich mit meinen Bedürfnissen respektierst.

Damit diese Basis des Vertrauens wachsen, der Boden tragfähig werden kann, brauchen wir zuallererst die Verlässlichkeit des Menschen an unserer Seite.

»Ich habe einiges an Rainer auszusetzen, aber er war immer da, wenn ich ihn brauchte. Zum Beispiel im Krankenhaus bei meiner Meniskus-Operation, vor drei Jahren, als mein Vater starb, und damals in den Zeiten, als ich für meine Abschlussprüfung pauken musste. Er ist zwar keine Charme-Bombe, aber für mich schon so etwas wie der Fels in der Brandung. Ich begnüge mich eben mit dem Satz: ›Freunde sind Menschen, die deine Vergangenheit akzeptieren, dich in der Gegenwart mögen und in der Zukunft bei dir stehen.‹ Und so einer ist Rainer.«

»Klar ist es manchmal nicht einfach zwischen uns, aber es stimmt schon: Bei Karin kann ich so sein, wie ich bin. Sie hält einfach zu mir und steht mir bei, wenn es mir mal nicht so gut geht und ich Stress oder Sorgen habe. Manchmal sage ich, sie sei ›mein Hafen‹. Bei ihr kann ich ausruhen und fühle mich sicher. Das ist einfach Gold wert. Und das möchte ich nie mehr missen.«

Offenbar sind Sicherheit und Respekt wichtiger für eine Partnerschaft als immer während Leidenschaft.

Der englische Psychoanalytiker und Bindungstheoretiker John Bowlby (1907–1990), der sich mit den Folgen von »Bindungserfahrungen im Kindesalter« auf die spätere Beziehungsfähigkeit beschäftigte, fasste seine Erfahrungen folgendermaßen zusammen: »Menschen jeden Alters wirken am glücklichsten und nutzen ihre Begabungen auf die vorteilhafteste Weise, wenn sie die Gewissheit haben, dass mindestens eine Person hinter ihnen steht, die ihr Vertrauen besitzt und ihnen zu Hilfe kommt, falls sich Schwierigkeiten ergeben.« Betont sei dabei der Zitatanfang: »Menschen jeden Alters …«

»Vergesslichkeit« zerstört Vertrauen

Verbindlichkeit und Zuverlässigkeit – früher der Eltern, heute vom »geliebten Menschen an meiner Seite« – sind also die Voraussetzung dafür, dass Vertrauen in der Partnerschaft entstehen kann. Eine Beziehung hat kaum eine Chance zu wachsen, wenn wir uns nicht daran halten, was wir sagen. Wir müssen schon »berechenbar« sein und bleiben. Kaum etwas macht das Fundament der Partnerschaft poröser und löchriger als eine Reihe von uneingelösten Versprechen oder »vergessenen« Verabredungen oder Absprachen.

Dazu ein schönes Zitat aus dem »Eifersuchtsroman« »Vor meiner Zeit« von Julian Barnes: »Das Leben mit dir ist wie eine Schachpartie gegen jemanden, der mit zwei Reihen Springern spielt.«

Wenn die Pferde der Willkür mit einem durchgehen, entsteht beim Gegenüber das zehrende Gefühl: Ich bin es wohl nicht wert …?! Ich richte mich doch auch nach dem, was wir abgesprochen haben, warum du nicht? Wie wichtig bin ich dir und ist dir unsere Beziehung eigentlich noch?

Das einzig zuverlässige Gegengift in so einer Situation ist – so banal es klingen mag – Zuverlässigkeit. Wenn das entstandene Defizit an »Ich tue auch, was ich sage. Auf mich kannst du dich verlassen« nicht konsequent wieder aufgeholt werden kann, »verabschiedet« sich der Respekt über kurz oder lang, und die Trennung wird sehr wahrscheinlich.

Wir – eben »Menschen jeden Alters…« – suchen alle in einer Partnerschaft das Gefühl »von ganz früher«, das Gefühl des Aufgehoben- und Angenommenseins aus der Kindheit, für das wir zu Beginn dieses Kapitels schon einige Synonyme kennengelernt haben: »Der Fels in der Brandung«, »der sichere Hafen«, die Schulter zum Ausweinen und Anlehnen.

Und wir sind auf der Suche nach emotionalem Kontakt und Unterstützung in unserem individuellen Überlebenskampf in einer rauer werdenden Welt.

So brauchen wir in der Partnerschaft vor allem einen verlässlichen »Buddy« an unserer Seite, einen »bedingungslosen Freund«, der mit uns durch dick und dünn geht.

Was wir in schweren Zeiten dann überhaupt nicht brauchen, ist jemand, der uns in den Rücken fällt, uns im Regen stehen lässt oder uns (gar vor Dritten) kritisiert.

Auch wenn wir anderer Ansicht sind als unsere Liebsten, sollten wir in kritischen Situationen zuallererst ein Signal der Verlässlichkeit aussenden. Wenn sie oder er Sorgen oder Kummer hat, passen Konfrontation und Besserwisserei nicht. Was dann zählt, ist das verbindliche Zeichen der Verbindung: »Ich bin da. Wir stehen das zusammen durch!«

Das zusammenschweißende Gefühl des »Wir gegen den Rest der Welt« erwartet uns hinter der dritten Tür, für die wir wieder den Schlüssel des Respekts brauchen.

Francois Lelord sagt es in seinem Bestseller »Hector und die Geheimnisse der Liebe« noch etwas anders: »Wir wissen um die Wechselfälle des Daseins und seinen immer traurigen Ausgang, aber ebenso wissen wir, dass uns das geliebte Wesen auf der Kreuzfahrt des Lebens begleiten wird. Krankheiten, die Prüfungen des Lebens, alles wird uns erträglich, wenn wir das geliebte Wesen an unserer Seite haben, in guten wie in schlimmen Zeiten, in glücklichen wie in schicksalsschweren Stunden.«

Dieses tragende, Vertrauen schaffende Basis-Gefühl der Verlässlichkeit finden wir hinter der dritten Tür, ganz nahe der vierten. Wenn wir auch diese respektvoll öffnen, erleben wir das beruhigende und Kraft spendende Gefühl der Verbundenheit.

4. Tür: Der Schulterblick und die Verbundenheit: Aus der Fahrschule des Lebens

Gestern ging ich, vor mich hin träumend, von der U-Bahn nach Hause.

Plötzlich hörte ich hinter mir ein freundliches »Hallo!« Ich drehte mich um – und blickte in das Gesicht eines jungen Mannes mit unrasiertem Kinn, der in sein Handy am Ohr fragte: »Wo bist du denn gerade?«

Da wusste ich erstens – noch ein bisschen verdutzt –, dass nicht ich gemeint war, sondern – der Ton in der Stimme des jungen Mannes klang irgendwie verklärt – seine Liebste am anderen Ende der Funkwellen. Und zweitens wusste ich, wie ich das Kapitel über die Verbundenheit anfangen würde.

Diese Frage, täglich in abertausende Handys gesprochen, ist nämlich so etwas wie das Synonym für Verbundenheit. Man stellt sich darauf ein, man fragt, man will es wissen: »Wo bist du denn gerade? Wo stehst du? Was erlebst du?«

Die neuzeitlich-typische »Handy-Eröffnung« ist also eine Metapher für dieses Kapitel: »Wo bist du denn gerade?«

Der Schulterblick der Verbundenheit

In einer Partnerschaft passiert dieser »Gedankenschwenk« ungezählte Male am Tag. Wenn nicht, machen Sie sich bitte Gedanken über Ihre Beziehung.

Ich nenne es das gedankliche »Einchecken«, den geistigen Blick in den Rückspiegel, den »Schulterblick«: Wo steht meine Frau in diesem Moment, wie geht es ihr? – Was macht mein Mann gerade? Was beschäftigt ihn?

Manchmal ist es dann gar nicht so verwunderlich, wenn man feststellt, dass man sich gerade gegenseitig eine SMS geschickt hat, weil man gleichzeitig an den anderen dachte.

Es ist ein schönes Gefühl, im hektischen Alltag zu spüren: Da ist jemand, der an mich denkt, der sich für das interessiert, was ich erlebe, was mich fröhlich und zufrieden macht oder mir Sorgen und Kummer bereitet. Später werde ich ihm das auch erzählen können. Oder: Bald kann ich ihr sagen, was ich erlebt habe.

Ich spreche hier also von dem schwer in Worte zu fassenden Grundgefühl einer lebendigen Beziehung: Neben mir im Leben, im Wohnzimmer oder – bei räumlicher Trennung – da draußen im Universum ist ein Gegenpol für meine Gedanken, ein »Du«, das ich ansprechen kann, ein Gegenüber, mit dem ich in Verbindung stehe. Das spüre ich, das weiß ich, das hilft mir, das macht mich stark. Ich bin ein Teil des »Wir« – und wir stehen uns bei, denn wir sind ja schon gemeinsam durch die dritte Tür der Verlässlichkeit getreten.

Zur Klarstellung sei an dieser Stelle angemerkt, dass ich natürlich nicht von der permanenten »Verbundenheit mittels mobilem Babysitter« spreche. Ein zwangsweise mitgehörtes »Hallo Schatz, ich stehe hier jetzt vor dem Käseregal, es gibt den Dreieckskäse, den blauen Weichkäse und ein günstiges Angebot Gouda – was soll ich jetzt mitbringen?« geht (wohl nicht nur) mir schwer auf die Nerven.

Ich meine das Gefühl der Verbundenheit zweier eigenständiger Menschen, das nichts zu tun hat mit zwanghafter Absicherung und unabhängig ist von Entfernung. Dieses Gefühl lebt von der Kraft der Gedanken. Dazu zitiere ich hier ein schönes Gedicht von Niels Schmitt aus seinem Buch »Sehnsucht wie ein Ozean«:

ich möchte dich wärmen
wenn dunkle Schatten
sich in deinen Augen spiegeln

ich möchte dich streicheln
wenn die Last des Tages
deinen Körper beugt

ich möchte dich küssen
wenn die Sorgen um das Morgen
dich zagen lassen

letzte Nacht
als meine Gedanken bei dir weilten
dachte ich
sie seien so laut
dass sie über Felder, Flüsse und Dörfer
bis an dein schlafendes Ohr
dringen müssten
um dich zu wecken
dass du zu mir eilst

Um zufrieden zu sein, ja Glück zu erleben, brauchen wir diese Verbundenheit, diese Gewissheit, dass unsere Gedanken gehört werden, dass wir uns auf jemanden beziehen können, denn: »Um den vollen Wert des Glücks zu erfahren, brauchen wir jemanden, um es mit ihm zu teilen!« (Mark Twain, 1835–1910)

Rücksicht ist Vorsicht Diese Verbundenheit ist die Essenz, der Klebstoff einer Beziehung. Sie ist durchdrungen und getragen von Respekt. Der »Schulterblick«, sei er in Gedanken oder im gemeinsam erlebten Miteinander – »Wo steht der andere? Was erlebt er gerade?« –, ist im Grunde eine Übersetzung des Wortes Rück-sicht. Und Rücksicht ist gleichzeitig Um-sicht und Vor-sicht. Ich bin vorsichtig und achtsam, ich gehe bewusst, sensibel und langsam vor. Wie auf einer gemeinsam unternommenen Wanderung oder Bergbesteigung. Wir halten Kontakt, wir schauen, wo der andere steht, geht, läuft, kraxelt. Wir sichern einander, wir versichern uns einander. Sind wir noch im gleichen Takt, braucht einer eine Pause, ein kurzes Gespräch, eine Erfrischung? Ist er noch fit oder wird er müde? Wir achten aufeinander, wir gehen gemeinsam, wir sind verbunden.

Dazu gehört auch, dass wir es dem anderen mitteilen, wenn wir wieder ausgeruht sind, wenn wir eine schwierige Phase im Leben überwunden haben, denn wir wissen ja, dass er an uns denkt und sich Sorgen gemacht hat. Auch das hat mit Respekt zu tun.

Manchmal liegen wir sogar des Nachts auf einer gemeinsamen Matratze, die eine besondere Form der Verbundenheit symbolisiert. Kennen Sie eigentlich den Begriff des »Wölterns«? Oder was sagen Sie dazu, wenn man sich im Bett schlaflos hin- und herwälzt?

Ich frage meine Frau mitunter: »Habe ich heute Nacht wieder gewöltert?« Und bin froh, wenn sie sagt »Nö« oder »Es ging« (Dann hatte ich wohl wieder über dieses Buch nachgedacht.)

Im gemeinsamen Bett kommt es zwischen Verbundenheit und Rücksichtnahme zu einem besonderen Tanz. Da achte ich schon aus dem einfachen Grund darauf, meine Frau möglichst wenig zu stören, weil ich gerne möchte, dass sie gut schläft. Nicht zuletzt hatte ich ihr das ja vorm Einschlafen gewünscht. Also bewege ich mich nicht übermäßig ruckartig, vermeide das »Wöltern«, so gut es geht, oder ziehe nur im äußersten Notfall die Nase hoch.

Und ich merke, dass sie ähnlich rücksichtsvoll zu schlafen versucht, um mir erholsamen Schlaf zu ermöglichen.

Stelle ich mir nun vor, dass es mir egal wird, wie meine Frau schläft, Hauptsache, ich kann »wöltern«, wie es mir passt, müssen wir uns entweder über getrennte Schlafstätten verständigen – oder es steht schlecht um unsere Ehe.

Denn: Verliere ich die Achtung, den Respekt in einer Beziehung, leiert das Band der Verbundenheit aus, wird brüchig oder reißt schließlich ganz. Der Gedanke an den anderen ist nicht mehr Energieschub, nicht mehr der Traubenzucker des Alltags, sondern möglicherweise ein mentaler Biss in die Zitrone.

Dann heißt es am Handy nicht mehr wie in besseren Zeiten »Wo bist du denn gerade?«, sondern »Oh, mein Akku ist leer« oder »Ich hab gerade kein Netz ...«

Wenn das Denken an den anderen eher als belastend erlebt wird, werden Impulse der »Befreiung« wahrscheinlich, weil das Band – obwohl ausgeleiert – als Fessel empfunden wird. Die gedanklichen und die realen Berührungspunkte und Begegnungen werden reduziert oder gezielt vermieden – am Handy heißt das dann: »Ich fahre gerade durch einen Tunnel.« Eine Spirale setzt ein: Ich gehe dem Kontakt aus dem Weg, auch um möglichen Streit zu vermeiden, die emotionale Entfernung wächst, der tägliche Austausch nimmt ab, die Entfremdung dafür zu. Das Gefühl der Verbundenheit bleibt auf der Strecke, der Klebstoff hält nicht mehr – man lebt sich auseinander.

Wichtig scheint mir, auf die ersten Windungen der Spirale zu achten:

Wann nervt mich der Gedanke an den Partner, der Schulterblick zur Partnerin? Wie kommt es, dass sich respektlose, abwertende Gedanken einschleichen? Haben wir da nicht etwas zu besprechen, auszusprechen, zu klären? Will ich das Ungeklärte, nicht Ausgeräumte – und sei es nur in Gedanken – so stehen lassen? Wie kann ich dem Ausleiern des Bandes der Verbundenheit vorbeugen? Muss *ich* nicht aktiv werden, damit wir das wohltuende »Wir« wieder spüren können?

Grundbaustein	Zuwenden statt abwenden

Die Antwort ist schlicht. Sie lautet: Zuwendung. Wenden Sie sich (wieder) Ihrem Partner / Ihrer Partnerin zu, wenden Sie sich nicht ab, auch wenn es – im Streitfall – leichter scheint.

Kleine Gesten, Mini-Momente, Zeichen der Zuwendung, des Interesses, des Respekts sind die Kettenglieder, die stabile Verbindungen entstehen lassen.

Verbundene Partner hegen und pflegen die Achtung voreinander und drücken ihre Zuneigung füreinander nicht nur zu besonderen Anlässen aus, sondern auch in den kleinen Dingen, tagein, tagaus, indem sie sich aufeinander beziehen und einander antworten (siehe 2. Tür, Seite 54):

»Guck mal, da ist schon wieder der kleine Zaunkönig am Vogelhaus.«

»Ja, der scheint wirklich ein Stammgast zu werden.«

Oder: »Heute Nacht habe ich absoluten Mist geträumt. Das kriege ich gar nicht mehr richtig zusammen.«

»Was war es denn? Schön oder gruselig?«

Oder: »Das wird wirklich immer schlimmer. Vorhin stand ich an einer roten Ampel, es wurde grün, und in dem Moment schießt noch so ein Radfahrer vom Kurierdienst vor mir über die Straße. Fast wäre er mir reingeknallt, aber denkste, der dreht sich um? Die haben wirklich 'n Knall.«

»Das stimmt, für 'n paar Kröten in der Stunde riskieren die nicht nur ihr eigenes Leben, sondern spielen russisches Roulette.«

Solche alltäglichen Mini-Sequenzen aus Kontakt-Angebot und verständnisvoll-interessierter Antwort sind Einzahlungen auf das »Verbundenheitskonto«. Natürlich ist was dran, wenn viele Beziehungs-Ratgeber vorschlagen, man solle in seiner Partnerschaft auf ausreichend »Qualitätszeit« achten. Natürlich ist es wichtig, sich ab und an zu vergegenwärtigen, wie viel »Paarzeit« im Alltag eigentlich noch wirklich gemeinsam gestaltet wird – entscheidend und beziehungserhaltend scheint mir jedoch die Qualität dieser »Kleinsteinheiten« der Verbundenheit, die signalisieren, dass mir die Situation des Menschen an meiner Seite genauso am Herzen liegt wie meine eigene, dass ich durch Interesse, Respekt und Antwort die Verbundenheit nähre und stärke. Dass ich mit dem regelmäßigen Schulterblick auf der gemeinsamen Wanderung mit dem liebsten Menschen an meiner Seite in Kontakt bleibe.

Wie sagt es wiederum Francois Lelord in der Lektion Nr. 17 von »Hectors Reise oder die Suche nach dem Glück«: »Glück ist, wenn man an das Glück der Menschen denkt, die man liebt.« Schön ausgedrückt – und ich füge hinzu: In einer Partnerschaft dürfen beide auch an ihr eigenes Glück denken, ihre eigenen Wünsche und Bedürfnisse ernst nehmen und sich für sie einsetzen. Das mindert nicht, sondern erhöht eher das Gefühl der Verbundenheit.

Wenn wir die vierte Tür mit Respekt geöffnet haben – ich denke an dich, ich achte auf dich, ich bin mit dir verbunden –, dann ist es uns auch nicht egal, wie sich der Mensch, den wir lieben, fühlt. Und schon stehen wir vor der fünften Tür und einer neuen herausfordernden Aufgabe.

5. Tür: Gefühle sind Gefühle
Oder: Man kann sich verrechnen,
aber nicht verfühlen

Nur mal angenommen: Sie haben miserabel geschlafen, schlecht geträumt und dazu beim Aufwachen noch Kopfschmerzen. Das sagen Sie am Morgen Ihrem Partner, und der sagt: »Das ist doch nicht so schlimm. Dann nimmst du halt eine Tablette.«

Hätten Sie dann nicht auch den kurzen Impuls: Das ist vielleicht doch nicht der Richtige für mich?

Oder ein typisches Party-Phänomen: Sie erzählen, was Ihnen Ärgerliches widerfahren ist: »Auf der Autofahrt hierher bin ich ›geblitzt‹ worden« oder wo der Schuh drückt bzw. die Bandscheibe: »In letzter Zeit tut mein Knie so merkwürdig weh, ich weiß nicht, ob das nicht doch operiert werden muss« – und Ihr Nachbar oder Gegenüber reagiert nicht auf Ihr Gefühl des Ärgers oder der Sorgen, sondern mit Beschwichtigung: »Darüber reg' ich mich gar nicht mehr auf. *Ich* hab schon zehn Punkte in Flensburg und fahre trotzdem noch ›zügig‹« oder mit dramatischen »Horror-Anekdoten«: »Ein Cousin meiner Kollegin ist nur mal auf dem Gehweg umgeknickt, und jetzt liegt er mit Kreuzbandriss im Krankenhaus.« Als wenn sich negative Gefühle durch das Leid anderer Menschen relativieren ließen. In der Mathematik gilt ja die Regel: Minus mal minus gleich plus.

Gefühle unterliegen jedoch nicht den mathematischen Gesetzen, sie sind nicht berechenbar.

Bei Gefühlen gelten andere Gesetze – das wichtigste lautet: *Minus mal gelten lassen gleich plus.*

Auf der Party mit dem »Es-kann-noch-viel-dicker-kommen-Nachbarn« halten Sie vielleicht äußerlich noch die Fassade hoch, bleiben innerlich jedoch allein zurück und fragen sich:

Warum habe ich das eigentlich erzählt? Es war ja nur ein Stichwort, die Vorlage, von vermeintlich noch Schlimmerem zu schwadronieren, um sich interessant zu machen.

Es ist ein verbreiteter Irrtum, dass durch den Hinweis auf weiteres oder größeres Ungemach bei anderen Menschen das eigene Missbehagen verschwindet. Im Gegenteil: Nichts verschwindet, außer die Lust, sich mit dem Nachbarn zu unterhalten.

Gefühle sind immer wahr — Grundbaustein

Wenn wir erzählen, was wir erlebt haben und wie es uns geht, offenbaren wir etwas von uns, zeigen uns dem anderen – dann wollen wir weder hören: »Das ist doch gar nicht so wichtig.« noch »Das ist doch gar nicht so wild.« Was wir dann wollen, ist die offene Bereitschaft, dass wir angehört werden, wir wollen Solidarität und Verständnis. Das ist unser Urbedürfnis als soziales Wesen. Wir wollen nicht allein sein, wir wollen Gemeinsamkeit. Sonst macht das doch alles gar keinen Sinn …

Wenn Ihnen ein Gefühl mitgeteilt wird, antworten Sie also bitte nicht unbedacht, sondern einfühlsam. Zeigen Sie Respekt vor dem Erleben des anderen, es ist ein Kompliment an Sie, dass er Ihnen davon berichtet.

Das bedeutet konkret: Zuerst kommt das »Ja-Signal«, was übersetzt werden kann mit »Ich verstehe« – »Du bist okay« – »Ich höre zu«.

»Nein-Signale« wie »Das ist nicht wahr« – »Du bist ja blöd« – »Mir geht es viel schlechter« bremsen massiv aus, verletzen und blockieren Verständigung.

Wir werden später im Grundkurs-Kapitel »Mitgefühl statt Ratschläge« (ab Seite 129) noch im Detail darauf zurückkommen.

Was passiert denn eigentlich mit Gedanken und Gefühlen, wenn sie als doof, falsch, kindisch, ungeeignet oder »Anstellerei« abgetan werden?

Warum ist es so bescheuert und gleichzeitig gefährlich, wenn es heißt: »Tapfere Jungs weinen nicht« oder »Brave Mädchen sind nicht wütend«?

Dazu kommt mir ein Bild von früher in den Sinn. Da haben wir Schnecken beobachtet und sie »geärgert«, indem wir ihre Augenfühler berührten und es spannend fanden, wie die Tiere ganz schnell die Fühler wieder einzogen. (Ich bitte an dieser Stelle alle Schnecken von damals nachträglich um Verzeihung!) So stelle ich mir das mit den Gefühlen vor. Wenn sie gezeigt werden, wenn sie »in die Welt treten«, macht man sich verletzlich, streckt vorsichtig die Fühler aus, ist sensibel und auf das Wohlwollen des Gegenübers angewiesen. Werden unsere Gefühle dann grob behandelt, ignorant betatscht oder wird mit ihnen experimentiert, ziehen wir uns ins Schneckenhaus zurück, sichern uns ab und überlegen uns, ob wir das nächste Mal die Gefühle wieder »rauslassen«.

Gefühle sind ein sehr sensibles Thema – allgemein und vor allem in der Partnerschaft. Ihr deutlichstes Merkmal steht – lapidar – auf der fünften Tür: *Gefühle sind Gefühle.*

Sie wollen verstanden und angenommen werden, sonst werden sie renitent wie kleine Kinder. Oder sie werden eingefroren und entwickeln ihr psychosomatisches Eigenleben.

Gefühle kann man nicht wegdiskutieren oder »wegmachen«, sie sind immer wahr, denn: Man kann sich verrechnen, aber nicht verfühlen.

Wie haben wir gelernt, Gefühle auszudrücken?

Manchmal wissen wir nicht so genau, welche Worte für unsere Gefühle passen, das ist dann einerseits ein Problem der begrenzten Sprache. Andererseits hängt das Dilemma des Ausdrucks von Gefühlen aber auch mit unseren Erfahrungen von früher zusammen: Wie drückte man zum Beispiel in Ihrer Familie, als Sie klein waren, Emotionen aus – Gefühle wie Traurigkeit, Ärger, Angst, Enttäuschung, Zuneigung und Neugier? War das erlaubt? Wurde auf Ihre Gefühle geachtet, wurden sie begrüßt und angenommen? Oder waren sie lästig, nicht willkommen, wurden ignoriert oder gar bestraft?

Wie denken Sie heute darüber, wie man Gefühle angemessen ausdrücken sollte? Wie viel »Lautstärke« ist für Sie noch »im grünen Bereich«? Wann kriegen Sie im Streit Angst und Flucht-gedanken?

Welche Unterschiede gibt es zwischen Ihnen und Ihrem Part-ner/Ihrer Partnerin in Bezug auf das, was Sie beide in Sachen Gefühlsausdruck gelernt haben und angemessen finden? Fragen Sie ruhig mal nach, es könnte ein interessantes Ge-spräch werden.

Und vor allem: Fühlen Sie sich respektiert in Ihren Gefühlen, dürfen Sie so sein, wie Sie sind, oder sollen Sie anders sein?

Hatten Sie schon mal den Impuls: Nein, das zeige ich dem Menschen an meiner Seite nicht, weil ich nichts Gutes erwarte? Er wird meine Gefühle nicht respektieren, sondern eher abweh-ren, abwerten oder ignorieren, also schlucke ich sie lieber runter. Und hoffe, dass sie »von selbst verschwinden«. Fühle ich mich bei meinem Partner gut aufgehoben in Stimmungen von Traurig-keit, Verzweiflung, Ängstlichkeit oder Ärger?

Diese Fragen könnten Gradmesser dafür sein, wie es um Ihre Beziehung steht, denn das macht die große Bedeutung der fünf-ten Tür aus, für die wir viel Respekt als Türöffner brauchen: Gefühle sind Gefühle. Sie wollen wahrgenommen, angenommen und verstanden werden, nicht übergangen oder wegdiskutiert. Sonst gären sie unter der Oberfläche und entwickeln giftige oder hochentzündliche Gase. Dann reicht ein kleiner Funken, und Ihnen fliegt »die ganze Bude um die Ohren«. Da hilft dann keine Gebäudeversicherung.

Also: Bitte achten Sie auf den respektvollen Umgang mit Ihren Gefühlen und denen Ihrer Liebsten.

Bei aller geistigen Verbundenheit in der Partnerschaft ist es doch das Gefühl füreinander, was zählt, was uns reich macht. Und ohne dieses tiefe Gefühl, in seinen – positiven und negati-ven – Gefühlen respektiert und angenommen zu sein, klappt es irgendwie auch nicht mit dem Glück, denn wie sagte der Schrift-steller Joachim Fernau (1909–1988): »Wer glücklich ist, fühlt, wer unglücklich ist, denkt.«

Bevor wir also zu viel denken, bringen wir lieber unseren Gefühlen und denen der Mitmenschen Achtung entgegen.

»Wenn wir nicht auf die Gefühle anderer achten, haben wir keine Richtschnur für unser Verhalten.« Ein weiterer Leitsatz aus dem in unserem Treppenhaus gefundenen Dalai-Lama-Schätze-Kalender. Eine konkret-hilfreiche Richtschnur für unser Verhalten will ich als sechste Tür formulieren, nachdem wir die fünfte gefühl- und respektvoll geöffnet und hinter uns gelassen haben.

6. Tür: Der Knoten im Taschentuch: Anerkennung, Würdigung, Wertschätzung

Taxifahren ist eine brisante Unternehmung. Als Psychologe und Paartherapeut tue ich gut daran, meinen Beruf nicht zu erwähnen, denn dann gibt es – erfahrungsgemäß – zwei Möglichkeiten: stillschweigender Abbruch des Smalltalks, vermutlich aus Angst des Fahrers vor den »Röntgenblicken« von der Rückbank, oder man wird zum kostenlosen Krisengespräch herausgefordert: »Von dem Freund meiner Tochter halte ich ja überhaupt nichts. Der ist ein echter Hallodri. Was sagen Sie als Experte denn dazu? Kann das auf Dauer gutgehen?« etc.

Aber auch von dieser Regel gab es einmal eine Ausnahme. Auf einer längeren Fahrt entstand ein anderes, angenehmes Gespräch über die »wirklich wichtigen Dinge«, und der offenbar lebenserfahrene Taxifahrer sagte einen Satz, der mir damals schon gut gefallen hat: »Das Geheimnis einer langen Ehe ist, dass man nicht aufhört, umeinander zu werben.«

Jetzt, beim Schreiben des Kapitels über Würdigung und Wertschätzung, sind mir Satz und Taxifahrt wieder eingefallen.

Die wohltuende Rückbesinnung

Wie ging das noch? Wie haben wir das damals »am Anfang einer Beziehung« gemacht mit dem »Umwerben«? Lief es da nicht wie von selbst mit den Komplimenten, mit der Bewunderung, dem Aussprechen des Liebenswerten, dem, was uns am Partner faszinierte?

Da hatten wir das Gefühl: »Du bist der wichtigste Mensch auf der Welt für mich« – und haben es auch noch gesagt! Wir waren richtig bewusst bei der Sache, haben überlegt, was wir so anziehend aneinander finden, und wir haben darauf geachtet, dass es dem anderen gut geht: Viele kleine Aufmerksamkeiten und fortgesetzte Streicheleinheiten auf allen Ebenen und in beide Richtungen.

Wir selbst haben innerlich gestrahlt durch die vielen schönen Worte des anderen und sind gewachsen durch die Nahrung seiner Wertschätzung. Manchmal machte sich noch eine leise Stimme des Selbstzweifels aus der Vergangenheit bemerkbar, die so etwas sagte wie: »Das kann nicht sein, so wertvoll, schön und anziehend bin ich doch gar nicht.« Aber auch wenn wir es nicht hundertprozentig glauben konnten, das Geliebtwerden, die positiven »Du-Botschaften«, das »Nur du allein« tat ungeheuer gut.

Wo ist das nun alles geblieben nach vier Jahren – oder sind es schon sieben? Vergessen, verflüchtigt, versandet? Die Mühen des Alltags haben die Prioritäten verschoben, die »Werbephase« ist ja mit dem »Ja-Wort« auf beiden Seiten erfolgreich abgeschlossen ... Aber warum eigentlich? Haben wir uns nicht gemeinsam auf einen Langstreckenlauf gemacht, der viel Energie und gegenseitige Unterstützung erfordert? Wo bleiben die Anfeuerungsrufe, die Erfrischungen und der Streckensupport?

Ist es da nicht umso wichtiger, sich regelmäßig zu vergegenwärtigen, was man »am anderen hat«, was man an ihm schätzt und nicht missen möchte?

Ich glaube, dass es in guten Beziehungen sehr darauf ankommt, wie sich die Partner den Respekt voreinander, die Wertschätzung füreinander erhalten und – ganz wichtig – auch ausdrücken.

Vom englischen Schriftsteller Jerome Klapka Jerome (1859–1927) stammt der Satz: »Glücklich wird ein Paar nur dann, wenn es ihm gelingt, die sanfte Glut der Zuneigung zu entfachen, bevor das wilde Feuer der Leidenschaft sich verzehrt hat.«

Ich füge hinzu: Und dann gilt es, diese Glut der Zuneigung zu erhalten.

Wie geht das? Ich glaube – wie der oben erwähnte Taxifahrer –, durch das Zurückgreifen auf die Mittel des Umwerbens, die kleinen verbindenden Gesten, liebevolle Worte, kleine Zettel und Briefchen (neudeutsch auch SMS genannt) – alles Möglichkeiten und Medien, die das gleiche Signal senden: Ich respektiere dich, ich schätze dich, du bist mir wichtig.

Ohne diesen kontinuierlichen und bewusst aktiven »Streckensupport« wird die Luft in der Beziehung auf die Dauer dünn werden. Dann wird uns über kurz oder lang »die Puste ausgehen«.

Grundbaustein **Was wirklich zählt**

Und weil wir in Liebesangelegenheiten so merkwürdig »vergesslich« sind, macht sich der geistige »Knoten im Taschentuch« gut, der eher beiläufig im Alltagstrubel zu Fragen anregt wie:

»Was mag ich eigentlich besonders an meiner Frau?«

»Wie wäre es, ihr das heute Abend noch mal zu sagen?«

»Habe ich nicht wirklich Glück gehabt, dass ich diesen Mann getroffen habe?«

»Wann habe ich ihm das zum letzten Mal gesagt?«

»Worauf kann ich wirklich zählen, worin fühle ich mich unterstützt?«

»Was habe ich von ihm, von ihr, in unserer Beziehung gelernt?«

»Was macht mich zufrieden und glücklich in unserem Zusammensein?«

»Worauf bin ich stolz in Bezug auf meinen Partner und unsere Partnerschaft?«

»Könnte ich mir das nicht häufiger bewusst machen und dann auch ausdrücken?«

Nicht zuletzt beim »Abschlaffen« und in die Sofa-Ecke der vermeintlich sicheren Beziehung fallen lassen, beim Es-sich-zu-gemütlich-Machen, ist der Knoten im Taschentuch ein gutes »Druckmittel«, sich auf Worte, Gesten und Zeichen der Zuneigung und Wertschätzung zu konzentrieren und sie wirken zu lassen.

Respekt haben ist die eine Sache, Respekt erweisen – und das explizit und fortgesetzt – die andere.

Tun wir das, passiert etwas Besonderes, worüber der französische Schriftsteller und Philosoph Voltaire (1694–1778) sagt: »Anerkennung ist ein wundersam Ding: sie bewirkt, dass das, was an anderen hervorragend ist, auch zu uns gehört.«

Oder anders ausgedrückt: (Mit)geteilte Anerkennung und Würdigung hat eine doppelte Wirkung: Sie stärkt nicht nur die Beziehung, sondern auch jeden Einzelnen.

Also: Öffnen wir die sechste Tür mit wertschätzendem Respekt! Helfen tun uns dabei der »Knoten im Taschentuch« und ein Gedicht von Eugen Roth (1895–1976):

Bitte

Der Alltagsmensch ist schwer erkrankt
Am Leben, öd und unbedankt.
Ich bitt euch herzlich: lobet ihn!
Lob ist die beste Medizin.

7. Tür: Nichts ist selbstverständlich! Oder: Die Kunst, Danke zu sagen

Beim Schließen der sechsten Tür entsteht ein leichter Luftzug, und uns wehen noch die Zeilen von Eugen Roth nach:
Der Alltagsmensch ist schwer erkrankt
Am Leben, öd und unbedankt.

Ist da nicht was dran? Sind wir nicht wirklich chronisch unterernährt in Sachen Dank?

Haben wir in der immer moderner und unpersönlicher werdenden Zeit nicht zunehmend das Gefühl: Dafür könnte ich doch wirklich mal ein »Danke schön« hören?! (Oder hätte das Lebkuchenherz vom Cover dieses Buches verdient.) Ich racker mich hier tagein, tagaus ab, und keiner merkt es, keiner dankt mir mal für meinen Einsatz!

Dieses Mangelgefühl scheint ebenso wie das beschriebene Antwortendefizit (siehe 2. Tür, Seite 56) mit der wachsenden

Alltagshektik zusammenzuhängen, in der all das an »höflichen Konversationsformeln«, was nicht unbedingt überlebensnotwendig scheint (oder Geld einbringt), ausstirbt.

Während man »damals« (im antiken Briefschreibezeitalter) seine Mitteilungen noch regelmäßig mit »Vielen Dank für Ihren Brief vom 3. Juli« begann, heißt es heute in den kryptischen E-Mails: »Geht in Ordnung. MfG.«

Ja, wenn es so einfach wäre, denn im Grunde geht es nicht in Ordnung. Bei mir bleibt nämlich das Gefühl hängen: Wieder um den verdienten Lohn gebracht, wieder »in die Beziehung investiert« und schnöde abgefertigt worden, wieder wurden meine Gedanken und Bemühungen für selbstverständlich genommen. Nächstes Mal mache ich mir nicht mehr solche Mühe! Und vielleicht gehe ich irgendwann auch über zu den hohlen Kürzestmitteilungen. Oder ich bastel mir einen Bildschirmschoner mit einem in Regenbogenfarben blinkenden »Danke schön!!!«

Die kleinste Lohn-Einheit
Das Dumme ist nur: Ich glaube irgendwie nicht, dass es mir damit besser gehen wird … Denn es bleibt dabei: Ich möchte wahrgenommen werden, ja, ich möchte auch belohnt werden für das, was ich mache. Es würde mich wundern, wenn das bei anderen Menschen anders wäre. Und Dank ist die kleinste und gleichzeitig gewichtigste Einheit des Lohns.

Es stimmt mich eben einfach freundlicher, wenn die Stimme der Hotline nach der dreifach angehörten »Kleinen Nachtmusik« in der Warteschleife sagt: »Vielen Dank fürs Warten.« Schon ist der Warte-Ärger verflogen, der Puls normalisiert sich.

Und es macht eben einfach einen großen Unterschied, ob man sich auch in den »Drängel-Modus« im Pulk vor Bus, U-Bahn und Rolltreppe begibt oder mitunter sogar ein dahingemurmeltes »Danke« hört, wenn man jemanden »vorgelassen« hat. So ein »Danke« kann ja heutzutage schon zum Höhepunkt des Tages werden! Denn dann habe ich für einen Moment das Gefühl: Ich, ja ich, bin beachtet und respektiert worden.

Dank auszusprechen oder auf anderem Wege zu zeigen, ist eine schlichte und gleichzeitig grundsätzliche Form, Respekt zu zeigen.

Es ist das Gegenprogramm zu der um sich greifenden Zeitkrankheit, alles für selbstverständlich zu nehmen. Das gilt für die Alltags- und Geschäftskommunikation sowie natürlich umso mehr für unsere Partnerschaften. Da zählt in besonderer Weise das Motto, das wir in großen Lettern aufgepinselt auf der siebten Tür finden: NICHTS IST SELBSTVERSTÄNDLICH.

Denn es könnte doch auch alles ganz anders sein. Stell dir vor, wir wären uns gar nicht begegnet. Stell dir vor, ich würde schwer krank werden. Stell dir vor, wir würden nicht mehr darauf achten, dass wir uns weiter ausreichend »umwerben« …

Ja, ich bin dankbar, dass wir uns getroffen haben, ja, ich bin dankbar, dass ich gesund bin, ja, ich bin dankbar, dass wir auf uns und unsere Liebe aufpassen!

Blumengießen nicht vergessen   Grundbaustein

Sich dieses und die ungezählten Gründe zur Dankbarkeit in Leben und Beziehung bewusst zu machen, ist das Rezept, das der französische Philosoph Gabriel Marcel (1889–1973) mit den Worten zusammenfasst: »Dankbarkeit ist die Wachsamkeit der Seele gegen die Kräfte der Zerstörung.«

Bewahren wir uns also die wachsame Seele und halten es mit einem chinesischen Sprichwort:

»Für eine Wohltat so groß wie ein Wassertropfen gib zum Dank eine sprudelnde Quelle zurück.«

Prompt denke ich natürlich an den Wasserrohrbruch bei uns im Haus … Sie müssen also bei sich zu Hause nicht gleich mit einer sprudelnden Quelle alles unter Wasser setzen, ich glaube, das regelmäßige Gießen der »Zauberblume Beziehung« ist viel ergiebiger.

»Vielen Dank fürs Tisch-Abdecken.«

»Vielen Dank, dass du daran gedacht hast, Katzenstreu mitzubringen.«

»Vielen Dank, dass du den Brief noch zur Post gebracht hast.«

»Vielen Dank, dass du dir Zeit genommen hast, mir zuzuhören.«

»Vielen Dank, dass du da warst, als ich dich brauchte.«

Und ab und zu ein Tütchen Blumennahrung:
»Gestern, als wir uns über den Urlaub unterhalten haben, habe ich wieder gemerkt, wie gut es mir tut, dass du so geduldig bist.«
»Ich denke immer daran, wie schön wir es miteinander haben, wie lieb du bist und wie gut du mich kennst.«
»Ich bin so dankbar, dass wir zusammen sind.«

Oder vielleicht sogar, wenn einem selbst die Worte fehlen, ein kleines Geschenk des Dankes.

Wie wär's denn tatsächlich mal mit einem Lebkuchenherz vom »Dom« oder »Oktoberfest«?

Oder mit der CD von *Silbermond*?

Das Beste
Ich hab einen Schatz gefunden,
und der trägt deinen Namen.
So wunderschön und wertvoll,
mit keinem Geld der Welt zu bezahlen.

Du bist das Beste, was mir je passiert ist.
Es tut so gut, wie du mich liebst.
Ich sag's dir viel zu selten,
es ist schön, dass es dich gibt.

Dankbarkeit ist das Gedächtnis des Herzens

Wenn es uns gelingt, uns regelmäßig zu vergegenwärtigen, was unser Zusammensein so wertvoll macht, und uns dankbar darauf zu konzentrieren, was der liebste Mensch an unserer Seite uns alles gibt, betreiben wir gleich im doppelten Sinne »Beziehungspflege«.

Wir stärken das Zusammengehörigkeitsgefühl für die Zukunft und treten gleichzeitig den oben zitierten »Kräften der Zerstörung« entgegen, indem wir die tückische »Um-Schreibung der Vergangenheit« verhindern. Manchmal ist es nämlich zum Verzweifeln: Wenn wir uns aneinander reiben, wenn wir unzufrieden werden in unserer Beziehung, neigen wir dazu, das gemeinsam Erlebte gleich mit »madig zu machen«:

War mein Mann nicht von Anfang an so unpünktlich?

Hat meine Frau nicht schon immer an meiner Kleidung rumgenörgelt?

Wieso habe ich es eigentlich schon so lange mit ihm ausgehalten?

Eigentlich war es ja wohl ein Fehler, dass ich sie geheiratet habe ... usw.

Wenn wir diesen zweifelnden Gedanken Einhalt gebieten und die Dankbarkeit für das gemeinsam Erlebte als tragendes Gefühl erhalten, ist auch die Gefahr gebannt, die Vergangenheit negativ umzuschreiben. Es scheint mir ausgesprochen wichtig, so den Respekt vor der gemeinsamen Paargeschichte bewahren zu können.

Um in Zeiten des Zweifels wieder auf die gedankliche »Sonnenseite« zu gelangen, könnte der Satz des Schweizer Gelehrten Karl Barth (1886–1968) helfen: »Sich freuen heißt, ausschauen nach Gelegenheiten der Dankbarkeit.«

In diesem Sinne schreiten wir im dankbaren Rückblick, im Re-spekt für das Erlebte und Gemeisterte, durch die siebte Tür, um uns im nächsten Schritt den kleinen gegenseitigen Verwundungen zuzuwenden, die im Alltag nicht ausbleiben können. Gemeint sind zum Beispiel die Verletzungen durch jene Splitter, die manchmal von den im Streit zugeschlagenen Türen abspringen und lang anhaltende Schmerzen verursachen können. Sie können nur dann wieder heilen, wenn wir sie mit Gesten der Entschuldigung und des Verzeihens »verarzten«.

8. Tür: Es tut mir leid, dass ich dir wehgetan habe! Um Entschuldigung bitten und verzeihen

Ist es nun Tragik, Prüfstein oder Chance zur Entwicklung? Wahrscheinlich sogar von jedem etwas und alles zusammen. Ich spreche von dem schmerzlichen »Naturgesetz der Beziehungskunde«: »Bei allem Bemühen ist es unvermeidlich, dass wir einander verletzen und so aneinander schuldig werden – gerade an den Menschen, die wir am meisten lieben, das ist unser Schicksal, dem wir nicht entkommen.« Formuliert hat das der Paartherapeut Hans Jellouschek in seinem Buch »Wie Partnerschaft gelingt – Spielregeln der Liebe«.

Robert Bly illustriert es in seinem »Männer-Buch« »Eisenhans« mit einem unmittelbar nachvollziehbaren Bild, das uns allen bekannt vorkommen dürfte: »Wenn beide ihre Waffen unbewusst oder, ohne sie zu bestimmen, einsetzen, stolpern beide, Mann und Frau, in die Schlacht, und wenn sie vorbei ist, kann es vorkommen, dass die zwei inneren Kinder schwer verletzt sind.«

Die Liste der Verletzungen

Ja, wir – und unsere »inneren Kinder« – sind verletzt, traurig, gekränkt und suchen sehnsüchtig nach Salbe und Pflaster. Offenbar ist das im Leben wirklich unvermeidlich. Manche großen Wunden scheinen auch nach Jahren kaum zu heilen, kleine Stiche können vielleicht leichter vergessen werden, aber irgendwo in unserem tiefsten Innern speichern wir die Verletzungen ab, hegen wir die Liste der »unerledigten Themen«, die auf Versöhnung warten: »Wie konnte er mir das damals nur antun?« – »Das hätte sie nicht zu mir sagen dürfen …« – »Wenn er sich dafür nicht entschuldigt, weiß ich auch nicht …«

In diese Liste tragen wir Ereignisse ein, die wir uns oder anderen nicht verzeihen können. Interessant und entscheidend für den »Beziehungsfrieden« ist allerdings, wie wir mit dieser Liste umgehen. Wenn sie uns nur ab und zu einmal in den Sinn kommt und wir uns rasch wieder anderem zuwenden können, ist es »noch übersichtlich«. Schwierig wird es, wenn sich die Liste zum Quälgeist entwickelt, der sich immer und immer wieder in Erinnerung ruft und uns grübeln lässt: »Warum, warum, wieso?!« oder »Das wird immer zwischen uns stehen«.

Das Karussell der Schuldzuweisung

Dann wird die achte Tür, um die es in diesem Kapitel gehen soll, zu einem Drehkreuz, wie man sie von Flughäfen oder Einkaufspassagen kennt. Wir betreten sie, gefesselt von unseren grummelnden Gedanken, und – schwupp, wenn wir nicht aufpassen –

verpassen wir den Ausstieg und landen wieder am Ausgangspunkt, an dem wir ins Gedankenkarussell eingestiegen sind.

Wir legen uns also selber lahm, beißen uns darin fest, »dem anderen« die Schuld zuzuweisen, ihm sein Verhalten vorzuwerfen und nachzutragen. Bis wir selbst ganz schwindelig sind, denn natürlich haben unsere Drehkreiselgedanken auch Auswirkungen auf unser (Wohl-)Befinden, sie bringen uns aus unserem inneren Gleichgewicht und gehen einher mit heftigen Gefühlen wie Hass, Wut, Verbitterung und Rachegelüsten, die sich dann auch körperlich – wie zum Beispiel in Erschöpfung, Anspannung und Schlafstörungen – niederschlagen können.

Wir verspüren möglicherweise den Wunsch, es dem anderen heimzuzahlen, und ziehen uns von ihm oder gar von allen Menschen zurück. Eine neue Drehtür, diesmal die der Isolation, kommt auf Touren.

Um im Bild zu bleiben, bedarf es offenbar eines bewussten, entschlossenen Schrittes »nach vorne« – raus aus dem stets auch rückwärtsgewandten Karussell. Dieser Schritt nach vorne bezieht sich sowohl auf den aktiven Part des »Um-Entschuldigung-Bittens« als auch auf den vermeintlich passiven Part des Verzeihens, der eigentlich der wahrhaft aktive Teil ist.

Wir müssen allerdings – und das ist immer wieder eine große Aufgabe – bewusst durchs Leben gehen und dabei auch unsere Antennen für Verletzungen, erlittene wie zugefügte, auf Empfang lassen.

Denn wie schreibt Pascal Mercier so eindrücklich in seinem erfolgreichen »Nachtzug nach Lissabon«: »Manchmal denke ich, dass aus Gedankenlosigkeit mehr Grausamkeit hervorgeht als aus jeder anderen Schwäche der Menschen.«

Wir müssen also wachsam bleiben, bewusst reflektieren und unsere Taten und Worte auf ihre Wirkung hin überprüfen, um Grausamkeiten in unseren Beziehungen zu minimieren, ganz ausschließen werden wir sie – nach dem zitierten Grundgesetz von Jellouschek – wohl nicht.

Natürlich sollten wir uns dabei an die eherne Respekt- und gleichzeitig beste Krisen-Prophylaxe-Formel halten. Sie ist dem

Grausamkeit der Gedankenlosigkeit

Gesagt ist gesagt

Schachspiel entlehnt (»Berührt – geführt!«) und heißt übersetzt: »Wähle deine Worte sorgsam! Denn: Gesagt ist gesagt. Man kann gesprochene Worte nicht wieder ungesprochen machen.«

Die verflixte
Schuld-Drehtür Wenn uns dann aber doch mal wieder der Streit-Teufel geritten hat und wir glaubten, ein paar Giftpfeile verschießen zu müssen, ist es an der Zeit, um Verzeihung zu bitten, damit der Mensch, den wir verletzt haben, das Ereignis gar nicht erst auf seine »Liste der unerledigten Themen« setzen muss.

Und wir stellen immer wieder fest, dass uns beides so ungeheuer schwerfällt: Einerseits um Entschuldigung zu bitten und andererseits das erwähnte passiv-aktive Verzeihen. Warum ist das so? Offenbar steht uns dabei das ewige »Schuld-Bewusstsein« ganz schön im Wege.

Wir denken, auch beim »Ent-Schuldigen« geht es um Schuld-Zuweisung und Schuld-Verteilung. Wir mögen es aber partout nicht, schuld zu sein oder Schuld zu haben. Wir mögen es nicht, uns einem anderen Menschen gegenüber durch einen »Kniefall der Entschuldigung« vermeintlich kleiner zu machen, als wir doch eigentlich sein wollen. Wir sind stolze Wesen und wollen keine »Kriecher« sein.

Und zudem ist es ganz schön kompliziert mit dem »Entschuldigen«. Ich sage dann zwar vielleicht: »Ich entschuldige mich für das, was ich getan habe.« Aber Achtung – ich selbst kann mich gar nicht selbst entschuldigen. Ich kann nur um Entschuldigung bitten (»Bitte verzeih mir«). Ent-schuldigen, mich von etwaiger Schuld befreien, kann mich nur mein Gegenüber, und ich muss hoffen und warten, dass es ihm möglich ist, mir zu vergeben.

Es steht also gar nicht allein in meiner Macht, dass »alles wieder gut wird«. Das kriegen wir nur gemeinsam hin.

So wende ich mich an dieser Stelle bewusst von dem Wort »Entschuldigung« ab und dem Satz zu: »Es tut mir leid.« Befreiend wird es nämlich dann, wenn wir aus dem »Drehkreuz« der Schuld-Zuweisungen aussteigen und uns dem höheren Ziel, nämlich der Beziehung, dem gemeinsamen Miteinander zuwenden können.

Wir können versuchen zu vermeiden, den Partner zu verletzen. Es ganz auszuschließen – das werden wir nicht schaffen, so sehr wir uns auch bemühen. Wir sind nicht immer und überall »Herr der Lage und unserer Sinne«, wir vergessen mitunter tatsächlich etwas, was dem anderen wichtig war, wir können auch nicht immer dafür sorgen, dass der andere bekommt, was er sich wünscht. Das liegt – nicht nur nach Jellouschek – in der Natur der Sache und der Menschen.

Trotzdem kann uns gerade das auch leid tun, wir können wahrnehmen und aussprechen, dass wir unzulänglich sind, dass wir nicht immer »100 Prozent fahren« können, dass der liebste Mensch an unserer Seite auch durch uns und unsere Grenzen verletzt wird.

Wie wohltuend können dann Sätze sein wie:

»Ich weiß, dass es dir sehr wichtig war. Es tut mir leid, dass ich es verschusselt habe.«

»Ich habe verstanden, dass dich meine Worte sehr verletzt haben. Das tut mir aufrichtig leid.«

Oder: »Sicherlich habe ich in unserem Streit überreagiert, das war nicht in Ordnung von mir.«

Und: »Ich wollte dir nicht wehtun. Wie kann ich es wieder gutmachen?«

Solche Sätze wirken ja schon beim Lesen wie Balsam, wie Wundsalbe für die unvermeidlichen Beziehungs-Schrammen. Bedauerlicherweise werden sie öfter verschluckt als ausgesprochen.

Wahrscheinlich deswegen, weil sie, wie gesagt, als Schuldeingeständnis empfunden werden.

Darum geht es aber nur in den Fällen, in denen man wirklich von Schuld und Verfehlung sprechen kann.

Wir können in anderen Fällen aber auch durchaus mal sagen: »Es tut mir leid, dass dich meine Worte, meine Vergesslichkeit, meine Abwesenheit verletzt haben.« Punkt. Einfach nur: »Es tut mir leid.« Raus aus dem Schuld-Drehkreuz, hin zum Wahrnehmen und Verarzten der Wunde. Auch das ist Beziehung.

Dann kann sich vieles entspannen, und oft ist erst dann, nach dem Aussprechen, dass es eine Verletzung gab, die Antwort möglich: »Ist wieder okay. Und auch mir tut es leid, was ich im Streit zu dir gesagt habe.«

Klingt optimal, oder? Aber wie ist das eigentlich bei Ihnen: Nimmt Ihr Partner ein »Es tut mir leid«, eine Bitte um Entschuldigung, an? Oder bleibt was »hängen«, was nicht auszuräumen zu sein scheint? Und wie ist das bei Ihnen selbst? Hadern Sie nachträglich weiter, auch wenn über Verletzendes und Missverständnisse gesprochen werden konnte, wenn Ihr Partner Sie um Verzeihung gebeten hat?

Wie hört sich für Sie der Satz an: »Wer an seinem Schmerz festhält, bestraft sich letzten Endes selbst.«

Ich persönlich glaube, dass an diesem Satz etwas dran ist. Wir blockieren uns und unsere Energie mit unserem anhaltenden Bedürfnis, den anderen, die anderen, die uns jemals »Unrecht getan haben«, doch noch irgendwie zu bestrafen. Oft durch Ignorieren, Schweigen und wortloses Hoffen auf eine irgendwie geartete »Wiedergutmachung«. Nur weiß Ihr Partner, wissen die anderen »Schuldner«, worauf Sie warten? Wissen Sie es selbst genau?

Verzeihen bedeutet eben nicht, nur passiv auf die Bitte um Entschuldigung des anderen zu hoffen, sondern auch aktiv Verantwortung für sein Leben zu übernehmen. Wer verzeiht, lässt nicht länger zu, dass andere Menschen, die vielleicht gar nichts davon wissen, oder schmerzliche Ereignisse aus der Vergangenheit das eigene Leben dauerhaft und Energie zehrend beeinflussen können.

Gnade segnet zweifach

Es ist müßig, immer weitere Runden in der Drehtür zuzubringen. Wagen Sie den Schritt nach vorne! Echtes Verzeihen zu lernen, ist wichtig für Ihr eigenes Wohlbefinden und für den Erhalt der Partnerschaft. Eine dauerhafte Beziehung ist ohne die Dimension der Vergebung überhaupt nicht zu führen.

Der Caritas-Gründer Vinzenz von Paul (1581–1660) formulierte dazu: »Die empfangene Ungerechtigkeit zu verzeihen, bedeutet sich selbst die Wunde seines Herzens zu heilen.«

Auch der Satz des Literaten und Nobelpreisträgers Hermann Hesse (1877–1962) gefällt mir: »Gewonnen hat immer der, der lieben, dulden und verzeihen kann, nicht der, der es besser weiß und aburteilt.«

Und als Dritter im Bunde soll William Shakespeare (1564–1616) mit seinem »Kaufmann von Venedig« zu Wort kommen: »Gnade segnet zweifach: Sie segnet den, der gibt, und den, der nimmt.«

Versöhnung ist also offenbar auch eine Frage von Geben und Nehmen: Sie gelingt nur, wenn der eine bereit ist, die introvertierte, egoistische Sicht der Dinge aufzu*geben*, um die verletzten Empfindungen des Gegenübers verstehen zu können – und der andere bereit ist, eine Bitte um »Ent-Schuldigung«, ein »Es tut mir leid.« auch anzu*nehmen*. Geben und Nehmen

Hilfreich und sehr versöhnlich können dabei die gedachten oder (noch besser!) die ausgesprochenen Sätze sein: »Wir haben beide unser Bestes getan! Für mehr hat's nicht gereicht. Schade. Vollkommen sind wir eben nicht.«

Manchmal können diese Sätze schon der entscheidende Schritt nach vorne aus der beschriebenen Drehkreuztür sein, die oft erst zum Stillstand kommt, wenn einer der Partner sagt: »Es tut mir leid, dass ich dir wehgetan habe!«

Manchmal geht es dann natürlich noch um die Frage der »Wiedergutmachung« durch weitere Worte oder auch versöhnliche Taten, die der oder die Verletzte sich für den weiteren Frieden wünschen kann – ein glaubwürdiges Versprechen auf Unterlassung oder für mehr Aufmerksamkeit in der Zukunft, eine gründlichere Erklärung oder auch ein anderes Geschenk, je nach Grad der Verletzung.

Wenn die Versöhnung dann einvernehmlich vollzogen wurde, greift ein weiteres Grundgesetz des Paartherapeuten Hans Jellouschek. Er nennt es die »Eiserne Regel: Die Verletzung wird nie mehr als Vorwurf ins Gespräch eingebracht. Wenn das nicht möglich ist, ist die Versöhnung nicht gelungen, und man muss das Ganze noch einmal aufrollen.«

Aber vielleicht ist in diesem Kapitel ja nachvollziehbar geworden, wie man die Drehtür mittels eines Koffers voll Respekt – sich selbst und dem Partner gegenüber – wirklich stoppen kann.

9. Tür: Die Zwillinge: Achtung und Ehrlichkeit

Bei uns in der Stadt ist mal wieder Wahlkampf. Die Bäume schlagen aus, oder besser: sie bekommen Ausschlag – mit zwanghaft-seriös wirkenden Konterfeis auf Bodenhöhe. Die Kandidatinnen und Kandidaten stellen sich vor und im besten Licht dar. Auf einem Plakat lächelt ein Herr mit einer recht hohen Stirn etwas verkrampft über seine randlose Brille, und auf besagter Stirn steht – mit schwarzem Filzstift hingekritzelt – nur ein Wort: »Lügner«. Dieses Wort fällt mir heute mehr auf als die geschliffenen Slogans darüber.

Wie kommt dieser Herr zu so einem Etikett durch »Volkes Stimme«?

Ob der Filzstift-Schreiber den Kandidaten persönlich kennt und noch eine Rechnung mit ihm offen hat? Wahrscheinlich hält er ihn aber einfach, dem allgemeinen Trend folgend, für keine Respektsperson (siehe Seite 18).

Er unterstellt ihm einfach mal kategorisch, dass er nicht die Wahrheit sagt, nicht ehrlich ist, dass er lügt. – Und dass er die Achtung vor ihm verloren hat, ergibt sich eigentlich schon aus der Schmiererei auf der Stirn: Lügner.

Ein paar Meter weiter stehe ich plötzlich vor einem Wahlplakat der »Grauen Panther«, darauf steht als Geheimrezept die eindrückliche Forderung: »Für 100 % Ehrlichkeit.«

Hui, mir wird schwindelig. Müssen wir es denn gleich so doll haben? Es steht auch gar nicht dabei, für was die Grauen Panther hundertprozentige Ehrlichkeit verlangen. Wahrscheinlich fordern sie es auch nur deshalb, weil sie noch nirgendwo mitregieren.

Aber immerhin: Es ist unmittelbar augenfällig – und nicht nur in Wahlkampfzeiten: Politik hat etwas mit Ehrlichkeit, Aufrichtigkeit und Glaubwürdigkeit zu tun. Anders können wir anderen wohl schwer vertrauen. Und dummerweise wird unser Wunsch, vertrauen zu können, sehr oft enttäuscht.

Offenbar proportional zu diesem flächendeckend enttäuschten Bedürfnis, ehrlich behandelt zu werden, steigt die Impulsrate, es demonstrativ zu betonen, dass man sich selbst an die Wahrheit hält. In den letzten Jahren grassiert eine »Ehrlichkeits-Epidemie« mit zunehmender Breitenwirkung in der Alltagssprache. Wie oft haben Sie zum Beispiel in den letzten Tagen von Ihrem Gesprächspartner im beruflichen oder privaten Umfeld gehört: »Muss ich ganz ehrlich sagen …« – »Wenn ich ganz ehrlich bin …« – »Ungelogen! …« und so weiter und so fort. Oder von Jugendlichen ein enervierendes »Ich schwör …!«

»Muss ich ganz ehrlich sagen …«

Die Sehnsucht nach Wahrhaftigkeit treibt skurrile Blüten und führt zu merkwürdigen Hohl-Floskeln, die besondere Sinnestiefe vorgaukeln. Als müsste man heutzutage seine Ehrlichkeit so überdeutlich betonen, weil man an jeder Ecke beschissen werden könnte.

Aber sollte nicht alles ehrlich sein, was ich sage? Warum muss ich das denn noch so hervorheben?

Da stimmt doch was nicht. Irgendwie scheint die 9. Tür mit der Aufschrift »Ehrlichkeit« in der heutigen Zeit ganz schön zu knirschen und zu quietschen. Das ist zumindest mein Eindruck. Wie ist Ihrer?

Wenn ich über diese Tür genauer nachdenke, sehe ich vor meinem geistigen Auge eine zweigeteilte Zwillingstür, wie es sie in alten Zeiten in ehrwürdigen Bauernhäusern gab – oben die Ehrlichkeit, unten die Achtung. Die gehören nämlich beide zusammen. Wenn man durch diese Tür in »die gute Stube einer gelingenden Partnerschaft« kommen will, muss man (sich für) beide öffnen und sich ihrer Bedeutung und ihres Wertes bewusst sein.

Denn ich stelle mir vor, dass diese Zwillingstür eine der wichtigsten der beschriebenen Türen ist. Wenn der obere Teil der Ehrlichkeit knarzende Geräusche des Zweifels von sich gibt, ob der Partner wirklich wahrhaftig mit mir umgeht, dann ist es nur noch eine Frage der Zeit, dass der untere Teil der Achtung »festrottet« und nur noch mit großer Anstrengung und viel »Pflege-Fett« in Bewegung zu bringen ist.

Wie gesagt: Wir wollen vertrauen können, nicht nur den Menschen, die uns in der Politik vertreten, sondern vor allem den Menschen, die nachts neben uns schlafen. Und damit Vertrauen wachsen und an Tiefe gewinnen kann, brauchen wir das Gefühl: Der Mensch an unserer Seite ist eine »ehrliche Haut«, der tut, was er sagt, meint, was er tut, und sagt, was er meint.

Wir sind auf seine Aufrichtigkeit und Verlässlichkeit (siehe 3. Tür, Seite 59) angewiesen. Und es geht sogar noch einen Schritt weiter: Wir fühlen uns selbst entwertet und nicht wirklich respektiert, wenn wir Zweifel bekommen, dass unser Partner, unsere Partnerin authentisch ist, nur schauspielert, es nicht ernst mit uns meint. Das fühlt sich nicht gut an – und in den meisten Fällen entscheiden wir uns dann für Vorsicht oder sogar Trennung.

Wir lassen andere nicht gern in unser Herz, die nicht die Zwillingstür der Ehrlichkeit und Achtung respektvoll öffnen.

Der Holzfraß der Lügen Aber was heißt denn eigentlich Ehrlichkeit? Was ist die Maßeinheit dafür? Wie viel muss mir mein Partner erzählen, damit ich ihm weiter ohne Vorbehalt vertrauen kann und er nicht anfängt, wegen meiner Kontrollfragen zu »mauern«? Wie weit muss ich ständig und umfassend Auskunft geben über all meine »Unpässlichkeiten« und »zweifelnden Stimmen«, um meine Beziehung nicht in Gefahr zu bringen? Oder gefährde ich sie gerade dadurch, dass ich alles »ehrlich« ausspreche? Wo endet der »Anspruch auf Information«, wann darf man »ganz ehrlich« mal etwas für sich behalten?

Mit Patentrezepten auf diese Fragen kann ich leider nicht dienen. Ich weiß nur, dass man nicht darum herumkommt, sich diese Fragen selbst zu stellen – und, optimalerweise, in einem günstigen Moment auch seinem Partner oder seiner Partnerin.

Natürlich gilt dabei zweierlei: Vertrauen in der Partnerschaft zeigt sich vor allem darin, dass man dem geliebten Menschen auch seine kleinen Geheimnisse gönnt. Die großen kommen sowieso irgendwann raus.

Und: Lügen haben eine zersetzende Wirkung, sie sind sozusagen die Holzwürmer in der Bauernhaustür. Sie führen nicht nur zum Verlust der Achtung in der Partnerschaft, sondern über kurz oder lang auch zum Verlust der Achtung vor sich selbst.

Bitte nur ehrliche Ehrungen

Ein direkter Hinweis zum Abschluss: Bitte erfreuen Sie Ihre Frau / Ihren Mann regelmäßig mit ehrlichen Komplimenten. Vermeiden sollten Sie aber auf jeden Fall die Verwendung von Koseworten, die so überhaupt nicht gemeint sein können.

Ein Ehepaar sitzt beim Abendessen. Der Mann mürrisch: »War das Essen wieder aus der Dose?« – »Ja, mein Schatz, und stell dir vor, es war ein süßer Hund darauf abgebildet und daneben stand ›Für Ihren Liebling‹.«

Ich zitiere diesen »Witz des Tages« aus unserer Zeitung – normalerweise nicht auf meinem Witze-Niveau – nur deshalb, weil ich Sie bitten möchte, von vergleichbarer Süffisanz langjährig zusammen-(k)lebender Paare abzusehen.

Bitte ehren Sie sich gegenseitig – und bleiben Sie auch dabei ehrlich. Sonst hat der Holzfraß in der Zwillingstür bald sein Werk vollendet.

10. Tür: Würde ich wollen, dass man so mit mir umgeht?
Oder: Was du nicht willst, das man dir tut …

Die zehnte und letzte Tür stelle ich mir besonders vor. Sie ist eine Schwingtür, wie man sie aus den Saloons in Western-Filmen kennt – oder als Verbindung zwischen Küche und Gastraum in Restaurants. Wenn man sie aufdrückt oder -stößt, weist sie einen Moment nach vorne, schwingt zurück – auf die durchschrittenen

Türen in diesem Kapitel – und wieder vor auf das, was vor uns liegt. Zurück und vor, vor und zurück – so wird sie zu einer vorwärtsweisenden Verbindung zwischen dem bisher Gelesenen und dem, was Sie daraus machen.

Die zehnte Tür ist Zusammenfassung und Wegweiser zugleich, denn sie ist Symbol für alle bisher vorgestellten Respekt-Gesetze und gibt Ihnen zusätzlich eine Art »Gebrauchsanweisung« mit auf den Weg.

Dieser »Merkzettel« lautet: Verhalte dich so, wie du gerne behandelt werden möchtest.

Jahrtausendthema Zahnpflege Die Zahnpasta-Metapher als Paar-Konfliktherd ist ja hinreichend bekannt, weil oft zitiert: Er knetet die Tube so, wie sie es nun gar nicht abkann, sie möchte gerne, dass er darauf Rücksicht nimmt. Er lässt sich ungern »zurechtweisen«, sie fühlt sich nicht ernst genommen etc. pp. Weil dies ja nun aber ein Buch am Anfang des dritten Jahrtausends ist, nehme ich als Einstieg stattdessen lieber das folgende, doch erheblich »modernere« Beispiel: Neulich hörte ich eine Bekannte sagen: »Nun habe ich extra so eine elektrische Oral-B-Zahnbürste für uns gekauft – mit zwei Aufsätzen, einen für mich und einen für ihn, damit es keinen Streit gibt. Letzte Woche musste mein Mann verreisen, und was macht er? Er nimmt nicht nur seinen Aufsatz mit – sondern auch die elektrische Zahnbürste! Na klasse, und das alles, ohne mir was zu sagen. Hätte er mich gefragt, hätte ich natürlich gesagt: In Ordnung. Aber wenn er mich so ignoriert, fühle ich mich schlichtweg verarscht.«

Wir sind zu vielem bereit, wenn man uns fragt. Ich lasse doch über alles mit mir reden … Aber übergangen zu werden, fühlt sich einfach mies an.

Jeder Mensch erinnert wohl konkrete Situationen, in denen er sich respektlos behandelt gefühlt hat. Fragen Sie mal Ihren Partner oder Ihre Partnerin!

Bei den Überlegungen zu diesem Buch bin ich natürlich auf die Suche nach solchen Situationen gegangen und merkte schnell, dass es schon ein ganz kleines Signal sein kann, das uns

»anpiekst«: ein Gähnen vom Gegenüber zur falschen Zeit, ein arrogantes Kaugummi-Kauen, eine ohne zu fragen angesteckte Zigarette, ein bedrohlich oder überheblich ausgestreckter Besserwisser-Finger, ein nicht erwiderter Gruß, eine Grenzüberschreitung in den persönlichen Bereich – oder, als besonders gemein empfunden, ein »Verrat von Vertraulichem« durch den Partner gegenüber Dritten. Weitere »Respektlosigkeiten« werden wir im folgenden ersten Kapitel des »Grundkurses« kennenlernen (siehe Seite 95).

»Das Schlimmste war, als ich nachts um vier aufwachte und mein Mann neben mir eine SMS an seine Geliebte ins Handy tippte. Ich glaube, so eine Respektlosigkeit kann man nicht toppen. Das vergesse ich ihm nie.« Wieder ein Beispiel aus der Moderne – und tatsächlich eines aus den Top Ten der Gemeinheiten.

Wir wissen also ganz genau, wie es sich anfühlt, wenn wir respektlos behandelt werden, wenn man uns hintergeht, missachtet, ignoriert. Ist es da nicht umso erstaunlicher, dass wir selbst hintergehen, missachten, ignorieren?

Wir wissen, wie es sich anfühlt ...

Denn wir wollen doch auch nicht, dass man so mit uns umgeht.

Wie kommt es zu dieser »Persönlichkeitsspaltung«? Warum fügen wir anderen Menschen etwas zu, was wir selbst nicht gerne spüren wollen? Sind es Unachtsamkeit, Egoismus, Überforderung?

Wohl von allem etwas. Und hinzu kommen noch ungezählte weitere Gründe. Das wäre sicher Stoff für ein neues Buch. Ich muss mal drüber nachdenken.

Zitieren würde ich darin vielleicht am Anfang ein anderes Gedicht von Eugen Roth:

Kleiner Unterschied
Ein Mensch, dem Unrecht offenbar
Geschehn von einem anderen war,
Prüft, ohne eitlen Eigenwahn:
Was hätt in dem Fall ich getan?

Wobei er feststellt, wenn's auch peinlich:
Genau dasselbe, höchstwahrscheinlich.
Der ganze Unterschied liegt nur
In unsrer menschlichen Natur,
Die sich beim Unrecht-Leiden rührt,
Doch Unrecht-Tun fast gar nicht spürt.

Hier nur so weit: Offenbar gilt unter uns Menschen auch der Satz: Jeder ist sich selbst der Nächste. Da liegt es nahe, den Satz zu zitieren, der als »Das größte Gebot« nicht nur in der Bibel, sondern auch auf der zehnten Tür steht: »Liebe deinen Nächsten wie dich selbst.«

Die Originalübersetzung finde ich allerdings sympathischer: »Liebe deinen Nächsten, denn er ist wie du.«

Oder: »Trete anderen so gegenüber, wie du dir wünschst, dass andere dir begegnen.«

Grundbaustein	Die Prüfregel

Unter diesem Leitsatz bietet sich der Rückblick – ein besonderer »Respekt« – auf die durchschrittenen neun Türen an: Die Beschriftungen müssten nur leicht umgeschrieben werden. Das könnte dann so aussehen:

1. Wenn du möchtest, dass andere dich und deine Welt respektieren, fange an, die Sicht der anderen auf die Welt in Betracht zu ziehen.
2. Antworte anderen, wie du möchtest, dass sie dir antworten.
3. Wenn du verlässlich behandelt werden willst, verhalte dich verlässlich.
4. Wenn du Verbundenheit suchst, verhalte dich verbindlich und zeige Verbundenheit.
5. Du möchtest ernst genommen werden in deinen Gefühlen? Dann nimm die Gefühle anderer (als) wahr und ernst.
6. Würdige andere Menschen, wie du selbst gewürdigt werden

willst. Erkenne sie an wie dich selbst. Bringe ihnen die Wertschätzung entgegen, die du dir selber ersehnst.

7. Wenn du dir Dank wünschst, danke anderen.
8. Verzeihe anderen, so wie du möchtest, dass sie dir verzeihen. Bitte um Entschuldigung, wenn du andere, ob bewusst oder unbewusst, verletzt hast. Du weißt, wie gut sich eine Versöhnung anfühlt.
9. Sei so ehrlich und aufrichtig mit anderen, wie sie ehrlich und aufrichtig mit dir sein sollen.
10. Behandle die Menschen, die dir begegnen, so wie du von ihnen behandelt werden willst – mit Respekt.

Wo ich das jetzt so aufschreibe, merke ich, die Sätze klingen fast so, als stammten sie aus dem Abreißkalender des Dalai Lama. Wär ja nicht das Schlechteste.

Darum zum Schluss – die Saloon-Tür kommt langsam wieder zur Ruhe – einen »Proviant-Satz« vom tibetischen Original für den jetzt beginnenden »Grundkurs respektvolle Kommunikation«:

»Wir sollten wenigstens einmal täglich für kurze Zeit das zerstreute Bewusstsein nach innen lenken.«

Grundkurs respektvolle Kommunikation

»Trotz unserer tiefen Sehnsucht nach Liebe halten wir doch fast alles für wichtiger als diese: Erfolg, Prestige, Geld und Macht. Unsere gesamte Energie verwenden wir darauf zu lernen, wie wir diese Ziele erreichen, und wir bemühen uns so gut wie überhaupt nicht darum, die Kunst des Liebens zu erlernen.«

Harte Worte von Erich Fromm in seinem Klassiker »Die Kunst des Liebens«.

Zumindest für Sie, die Sie bis hierher gelesen haben, stimmen sie nicht.

Ja, vielleicht können wir die Kunst des Liebens lernen, zumindest können wir uns bemühen, respektvoll miteinander umzugehen, um unsere Partnerschaft zu pflegen, zu feiern, zufriedener zu machen und nicht durch unnötige Verletzungen und Kränkungen zu erschweren oder zu gefährden.

Dazu haben wir beim Öffnen der zehn Türen bereits die wichtigsten Respekt-Regeln kennengelernt, jetzt geht es in diesem Grundkurs respektvolle Kommunikation um die Feinheiten. Es ist nämlich ein weit verbreiteter Irrtum, dass es kein »Grammatik-Buch« der Liebe gibt, dass sich »Liebe ergibt« – andernfalls ist es eben keine.

Nein, natürlich gibt es zahlreiche mehr oder weniger nützliche »Spielregeln« und ebenso viele Ratgeber in den Regalen der Buchhandlungen.

Der todkranke Professor Morrie Schwartz formuliert dazu in dem Buch »Dienstags bei Morrie« die »Grundspielregel« als weitere »Lehre eines Lebens«:

»Mitch, soll ich dir mal sagen, was das Wichtigste ist, das ich aus dieser Krankheit lerne?«

»Und das wäre?«

»Das Wichtigste im Leben ist zu lernen, wie man Liebe gibt und wie man sie in sich hereinlässt.«

Seine Stimme sank zu einem Flüstern. »Lass sie rein. Wir denken, wir verdienten keine Liebe, wir denken, wenn wir sie reinließen, würden wir allzu weich und rührselig. Aber ein weiser Mann namens Levine hat mal genau das Richtige dazu gesagt. Er sagte: ›Liebe ist der einzige rationale Akt!‹«

Ganz am Anfang steht also eine Entscheidung: Ich will es anders machen als bisher.

Ich will bewusster mit mir und dem Menschen an meiner Seite umgehen. Also los! Schauen wir, was wir konkret tun können.

1. Die Fallstricke der Kommunikation: Urteile, Vergleiche und andere Verletzungen

»Manchmal weiß ich gar nicht mehr, in welcher Reihenfolge das alles bei uns ablief«, sagt Herr M. nachdenklich und meint die Abwärtsspirale im destruktiven Ehe-Alltag. »Ich überlege gerade: Was war denn eigentlich zuerst – der verlorene Respekt voreinander oder die Respektlosigkeiten?«

»Na, das ist ja mal 'ne blöde Frage, du hast mich ständig beschimpft, weil ich es dir nicht recht machen konnte«, springt Frau M. sofort – und offenbar in altbekannter Weise – an.

»Nee, nun lass doch mal, mir kommt da gerade so eine Idee: Vielleicht haben wir uns über die Jahre einfach zu sehr aneinander gewöhnt und gar nicht mehr so auf den anderen geachtet. Da ging auf Dauer der Respekt verloren – und dann hat es sich so eingeschlichen, dass wir uns auch schlecht behandelt haben.«

»Interessanter Gedanke«, sage ich jetzt, »Sie fragen sich vielleicht: Ging bei Ihnen der gegenseitige Respekt in der Beziehung verloren wegen der respektlosen Äußerungen oder waren diese die Folge von Gewöhnung und Respektverlust?«

»Ja, genau«, nickt Herr M.

»Ich vermute, es könnte eine Art Kreislauf sein, so was wie ein Teufelskreis: Die gegenseitige Achtsamkeit geht zurück, die Nörgeleien nehmen zu, Respekt und Zuneigung leiden, die Streitereien eskalieren usw.«

»So ungefähr«, sagt nun Frau M., »ich kann es zum Beispiel nicht ertragen, wenn mein Mann so besserwisserisch ist und mich als vollkommen doof abstempelt.«

»Und mich machen deine Drohungen und Sticheleien fertig, Waltraud. Aber so kommen wir ja nicht weiter. Das haben wir ja schon rausgefunden.«

»Vielleicht hilft Ihnen dieser Zettel«, schlage ich vor und überreiche ein Blatt Papier mit der Überschrift: *Fallstricke der Kommunikation.*

»Sie können ja mal schauen, wie viel Sie darauf wiederfinden, was Sie schon kennen, und dann unterlassen Sie in Zukunft möglichst viel davon. – Denn Sie haben recht: Viele Menschen in festen Beziehungen denken, Sie hätten unbegrenzten Kredit beim Partner, was den Respekt betrifft. Dabei ist das Gegenteil der Fall: Jede Respektlosigkeit, jeder verletzende Stich mindert das Guthaben, und man muss viel Gutes zum Ausgleich wieder ›einzahlen‹, um den Verlust auszugleichen.«

Herr M. vertieft sich in den Zettel, seine Frau stellt ihren Stuhl neben seinen und sagt: »Zeig doch mal!«

Tipp

Wenn Sie sich und Ihrer Beziehung etwas Gutes tun wollen, unterlassen Sie möglichst:

Verallgemeinerungen wie zum Beispiel: »*Nie* sagst du mir was Nettes!« – »Das sagst du *immer* …!« – »*Ständig* hast du Kopfschmerzen!«

Vergleiche: »Du bist genau wie dein Vater.« – »Und du wie meine Mutter!«
(Merke: »Das Vergleichen ist das Ende des Glücks und der Anfang der Unzufriedenheit.« Søren Kierkegaard, 1813–1855)

Übertreibungen: »Immer machst du alles so unglaublich kompliziert!« – »Und du hast eine wahnsinnig lange Leitung.«

Bewertungen: »In Bezug auf deine Kleidung lässt du dich vollkommen gehen.« – »Lach doch nicht so dreckig.«

Be- und Verurteilungen: »Du bist so unglaublich kleinlich.« – »Diese Ignoranz ist so typisch für dich!«

Entwertungen, Beleidigungen: »Bist du blöd oder was?!« – »Du bist doch ein altes Machoschwein.«

Interpretationen: »Das hast du doch nur deshalb getan, um mich auf die Palme zu bringen.« – »Kein Wunder, dass es nicht klappt, wenn du so viele Widerstände hast.«

Schuldzuschreibungen: »Nur weil du so trödelst, kommen wir zu spät.« – »Wenn du mir rechtzeitig Bescheid gesagt hättest ...«

Drohungen: »Das sagst du nicht noch einmal!« – »Du wirst schon sehen, was du davon hast.« – »Entweder du stimmst jetzt zu, dass wir umziehen, oder ich verlasse dich.«

Passive Aggressionen: »Wieso denkst du, dass ich Angst habe. Du fährst ja nur 180. Ich weiß ja, dass du gerne noch schneller fahren würdest.«

Belehrungen, Imperative: »Denk da mal drüber nach ...!« – »Sei nicht so geizig!« – »Füll dir nicht so viel auf den Teller!«

Scheinfragen, Scheinvorschläge: »Meinst du wirklich, dass dir das guttut?!« – »Glaubst du etwa im Ernst ...?!« – »Ich finde, du solltest endlich mal mehr Sport machen ...«

Unehrliche Koseworte: »Nun reg dich doch nicht so auf, Schatz!« – »Ist dir das jetzt unangenehm, Honigschneckchen?«

Sticheleien: »Weißt du eigentlich noch, wie du dich damit das letzte Mal blamiert hast?« – »Erinnere dich doch mal an deinen kläglichen Auftritt vor drei Jahren.«

Besserwisserei: »Das hab ich dir doch schon immer gesagt!« – »Damit liegst du völlig falsch, aber du hörst ja nicht auf mich.«

Moralisieren: »Wenn du eine gute Mutter wärst, wüsstest du, dass sich das anders gehört.« – »Wenn du ständig in Kneipen rumhängst, wundere ich mich nicht, dass die Leute reden.«

Demonstratives Jammern: »Mein Gott, womit hab ich das verdient?!« – »Ich sag ja: Nie hörst du mir zu!«

Rechtfertigendes Abstreiten: »Damit hab ich niiichts zu tun!« – »Das ist doch völlig aus der Luft gegriffen.«

Ironie: »Na, großartig. Das hast du ja ganz toll hingekriegt.« – »Na, suuper, du bist ein richtiger Held.«

Sarkasmus: »Mach ruhig so weiter. So retten wir unsere Beziehung bestimmt.« – »Aber Liebling, so gut warst du ja lange nicht mehr drauf.«

Autoritäres Vorschreiben: »Stell gefälligst den Fernseher aus, wenn ich mit dir rede!« – »Wechsel endlich die Birne aus!«

Das »Zitieren« Dritter: »Wenn du doch bloß auf deinen Bruder gehört hättest.« – »Auch schon Herr Hansen hat gesagt, dass das eine Schwäche von dir ist …« (Anmerkung des Verfassers: Ich kann mich an nichts erinnern …)

Und grundsätzlich: **Sätze, die mit Du anfangen.**
Ausnahme: »Du bist ein Schatz!«

»Ja, da ist schon einiges dabei, würde ich sagen«, murmelt Herr M. schließlich, »wir können es ja mal versuchen.«

»Und was haben Sie noch im Angebot?«, will Frau M. jetzt wissen.

»Vielleicht achten Sie mal darauf, was mit der Achtung passiert, wenn Sie versuchen, keine Urteile über den anderen zu fällen.«

Dieser Vorschlag führt zum zweiten Kapitel im Grundkurs respektvolle Kommunikation.

2. Bitte deutlich trennen:
Beobachten und Bewerten

»Die dauernde Nörgelei meiner Frau macht mich mürbe. Ständig hat sie was an mir auszusetzen.« Mit diesem kategorischen Statement steht Herr B. nicht allein da. Er spricht möglicherweise für viele Männer in längeren Beziehungen. Genauso wie Frau B. für ihre Geschlechtsgenossinnen, wenn sie sagt: »Mein Mann ist ein Gefühlsknauser, nie weiß ich, was er wirklich fühlt. Er lässt sich einfach nicht in die Karten schauen.« Und so geht das dann hin und her, mal vor, mal zurück, meist jedoch gezielt in eine neue Sackgasse.

Um erklären zu können, wie solche Sackgassen am ehesten zu umfahren sind, müssen wir gemeinsam wieder genau hinschauen. Unter die Lupe genommen

Denn Paare, die respektvoll kommunizieren wollen, müssen den Unterschied von Beobachtung und Bewertung kennen und berücksichtigen (lernen).

Der Satz »Die dauernde Nörgelei meiner Frau macht mich mürbe« klingt im ersten Moment zwar wie eine Beobachtung der Paarkommunikation oder besser wie eine Selbstbeobachtung von Herrn B. zu seinen Empfindungen, ist aber bei genauer Betrachtung eine Bewertung. Die »Nörgelei« – was auch immer damit gemeint ist – beinhaltet eher einen »Angriff« und ist selbst schon eine Kritik am Kommunikationsstil von Frau B.

Das Wort »dauernd« ist zudem einerseits unpräzise (wie oft genau kommt es zur »Nörgelei«? Zu welchen Anlässen konkret?) und andererseits in seiner Verallgemeinerungsform vereinfachend und gleichzeitig »übertreibend«.

Das Gleiche gilt im Gegenzug für die Aussage von Frau B.: Auch der »Gefühlsknauser« ist eine gleichzeitig verkürzte und pauschalisierende Wertung ihres Mannes, und das »Nie weiß ich, was er wirklich fühlt« steht dem »dauernd« in der Aussage ihres Mannes in nichts nach.

Mal abgesehen von der dramatisierenden Übertreibung – wohl oft aufgrund des verständlichen Bedürfnisses, endlich beachtet oder zumindest gehört zu werden – sind das zwei Beispiele für die grundsätzliche Tücke unserer Sprache.

Einerseits wollen wir genau formulieren, andererseits »Zeit sparen« und möglichst schnell zum Punkt kommen. Und drittens haben wir offenbar, wenn's »brenzlig« wird, das Bedürfnis, uns als Person »rauszuhalten« und, um uns zu schützen, von dem, wie es uns wirklich geht, abzulenken.

So kommt es, dass wir im Streit oft mit ausgestrecktem Zeigefinger »auf den anderen« zeigen und mit Bewertungen »um uns schmeißen«.

Es scheint fast unmöglich oder zumindest sehr ungewohnt zu sein, Menschen und deren Verhalten in einer Weise zu beobachten und zu beschreiben, die frei ist von Beurteilung oder gar Verurteilung, von Bewertung und Kritik oder anderen Formen der Analyse und Diagnose.

Im ersten Grundkurs-Kapitel haben wir schon eine ganze Reihe solcher Zuschreibungen, Bewertungen und Urteile kennengelernt. Die menschliche Sprache hält einen großen Pool an Zuschreibungen bereit und bedient damit offenbar ein wichtiges Bedürfnis von uns, die Welt und die Menschen darin zu ordnen – zuzuordnen, einzuordnen, wegzuordnen. Andererseits fühlen wir uns selbst in Schubladen überhaupt nicht wohl.

Nun ist ja gegen eine solide und offen formulierte Einschätzung bzw. Wertung gar nichts einzuwenden, kompliziert wird es jedoch dann, wenn sich Beobachtungen und Bewertungen in unserer Sprache vermischen.

Natürlich beobachtet Herr B., dass ihn seine Frau kritisiert, natürlich beobachtet er auch, dass er »mürbe« wird – was auch immer das heißen mag: müde, erschöpft, wütend, ratlos, traurig? Und natürlich beobachtet seine Frau auch etwas, was sie zu der Bewertung »Gefühlsknauser« veranlasst. Schwierig wird es allerdings dadurch, dass Beobachtung und Bewertung in einer Aussage so vermischt, verstrickt, vermengt sind, dass »man kaum noch durchblickt, was was ist«.

Aber: Der Bauch, das Gefühl rebellieren gegen die diffus empfundene Kritik, gegen den sprachlichen »Schlag in den Magen«.

Und wer sich innerlich krümmt, kann nicht frei atmen und antworten, sondern muss erst mal die Kritik parieren. Aber wo ansetzen? Wegen der unklaren, verclinchten Botschaft von Beobachtung und Bewertung scheint die beste Antwort eine Rechtfertigung oder eine »Gegenbewertung« zu sein. So was will man ja nicht auf sich sitzen lassen ... Ein Wort ergibt das andere, eine Zuschreibung jagt die nächste – mit Karacho hinein in die schon bekannte Sackgasse!

Also noch mal einen Schritt zurück: Was ist also der Unterschied zwischen einer Beobachtung ohne Wertung – und einer Beobachtung, vermischt mit einer Wertung?

Das Knäuel von Beobachtung und Bewertung lösen

»Lassen Sie mich mal versuchen«, sagt Frau B. spontan. »Wenn ich sage, ›Gestern Abend hast du beim Fernsehen innerhalb von zehn Minuten mindestens fünfmal den Kanal gewechselt‹, ist das was anderes, als wenn ich sagen würde: ›Wenn wir fernsehen, zappst du in einem fort.‹«

»Wie? Das sagst du doch immer, dass ich zappe.« Herr B. steht noch ein bisschen auf dem Schlauch. Offenbar »läuft noch der alte Film«.

Ich springe Frau B. zur Seite: »Mir fällt auch ein Beispiel ein: Wie fänden Sie es, wenn ich sagen würde ›Herr und Frau B. sind unpünktliche Menschen‹ anstelle meiner Beobachtung von vorhin: Herr und Frau B. sind drei Minuten später als verabredet erschienen.«

Herr B. fackelt nicht lange: »Das Erste wäre 'ne Frechheit!«

»Und das Zweite?«

»Ist mir zwar nicht aufgefallen, aber dazu könnte ich ja was sagen ...«

Offenkundig senden Beobachtungs- und Bewertungsbotschaften tatsächlich unterschiedliche Signale aus: Beobachtungen können das Gespräch (er)öffnen, Bewertungen erzeugen eher Abwehr, Magendruck, Rechtfertigungsbedürfnis oder Rückzug.

Deshalb lohnt an dieser Stelle ein Blick »hinter die Kulissen unserer Sprache«. Wenden wir uns also der Frage zu: Wodurch entsteht die verzwickte Vermischung von Beobachtung und Bewertung? Dafür gibt es folgende Kriterien:

■ Wenn wir das (verallgemeinernde) Verb »*sein*« in all seinen
Abwandlungen benutzen, ohne die zugrunde liegende Beobachtung mitzuteilen, entstehen bewertend-verengende Zuschreibungen.

Zum Beispiel: »Du *bist* ganz schön geizig.« anstelle von:
»Wenn du dem Taxifahrer nur dreißig Cent Trinkgeld gibst,
finde ich das zu wenig.«

Oder: »Das *ist* ja eine Schlampe.« statt: »Das Oberteil ist
nach meinem Geschmack viel zu weit ausgeschnitten (Klammer auf: Ich schaue aber trotzdem gerne hin, Klammer zu).«

■ Wenn wir – meist unbewusst – Verben verwenden, die einen
wertenden Beigeschmack haben, kommt leicht eine Kritik
beim Empfänger an.

Zum Beispiel: »Dein Bruder *sitzt* die Sache ganz schön
aus.« statt: »Ich warte schon drei Wochen auf eine Antwort,
ob sie zu unserer Feier kommen.«

Oder: »Ich fühle mich *vernachlässigt*.« statt: »In den letzten
vier Tagen hast du mich nicht einmal gefragt, wie es mir geht.«

■ Wenn wir »Vorhersagen« treffen und damit suggerieren, als
wüssten wir über andere Menschen »Bescheid«, entsteht auch
ein Gemisch aus (möglicher, nicht mitgeteilter) Beobachtung
und Bewertung.

Zum Beispiel: »Das *wirst* du nicht hinbekommen. Lass
mich das machen.« statt: »Ich sehe, dass es kompliziert ist.
Soll ich mal versuchen?«

Oder: »*Wenn du so weitermachst*, müssen wir bald neue
Hosen für dich kaufen.« statt: »Ich mache mir Sorgen um dein
Gewicht.« (Klammer auf: Heikles Thema! Klammer zu)

■ Die kleinen Worte *immer* und *nie* machen aus einer Beobachtung schnell eine oft anklagende Bewertung – siehe auch die
obige Einstiegssequenz des Ehepaares B.: »Ständig hat sie
was an mir auszusetzen ...« – »Nie weiß ich, was er wirklich
fühlt.« – oder zum Beispiel auch: »Du bist *nie* da, wenn ich

dich brauche.« statt: »Gestern Nachmittag hätte ich deine Hilfe brauchen können, als wir mit den Hausaufgaben von Lukas nicht weiterwussten.«

Oder: »*Immer* kommst du zu spät.« statt: »Das letzte Mal, als wir zum Kino verabredet waren, warst du zehn Minuten zu spät, und diesmal wieder. Das mag ich nicht.«

- Wenn wir eine Aussage über *eine ganze Gruppe* treffen, ohne konkret eine Person zu nennen, werten wir, statt eine Beobachtung wiederzugeben.

    Zum Beispiel: »Deine Freundinnen sind ja ein ganz schöner ›Schnatterclub‹.« statt: »Wenn ich mir unsere Telefonrechnung genau anschaue, geht ungefähr die Hälfte der Summe auf die Telefonate mit Barbara.«

    Oder: »Diese Jugendtrainer sind wohl oft überfordert.« statt: »Ich fand überhaupt nicht in Ordnung, wie Herr Scholz Matthias beim Training angepflaumt hat.«

- Wenn wir wertende Worte für Tätigkeiten oder Eigenschaften verwenden, ohne unsere konkrete Beobachtung mitzuteilen, senden wir ebenfalls »Nebulöses«.

    Zum Beispiel: »Ich finde, mein Chef macht einen schlechten Job.« statt: »Ich warte seit drei Monaten darauf, dass er sich endlich zu unserer Anfrage in Bezug auf die Büroverteilung äußert.«

    Oder: »Boah, ist der ungepflegt.« statt: »Als ich vorhin im Hof neben unserem Nachbarn stand, roch er sehr unangenehm nach Schweiß.«

Tipp

Worauf Sie achten können

- Im Sinne einer entspannten, respektvollen Kommunikation sollten wir uns darauf konzentrieren, das zu formulieren, *was wir beobachtet haben*, und zwar in einem *abgesteckten Zeitraum* und in einem *konkreten Situationszusammenhang*.

- *Vorsicht mit* dem *allgemeinen Verb* »sein« in seinen verschiedenen Formen: »Du bist, er, sie es ist etc.«, *sowie mit wertenden Tätigkeits- und Eigenschaftsworten,* wenn die konkreten Beobachtungen nicht miterwähnt werden.
- *Verallgemeinerungen und Pauschalaussagen* über ganze Gruppen sind *wenig hilfreich,* weil unklar und latent abwertend. Sie erhöhen die Wahrscheinlichkeit, dass die Aussage als Kritik ankommt. Das gilt in besonderem Maße für die kleinen Worte »immer«, »nie« oder alle »Wort-Verwandten« wie *»dauernd«, »jedes Mal«, »total selten«* etc.
- Natürlich sind Wertungen mitunter auch legitimes Kommunikationsmittel. Denn natürlich sind wir auch neugierig, Einschätzungen und Sichtweisen vom anderen zu erfahren, wenn wir zum Beispiel *offen fragen: »Und wie findest du das?«* Der Unterschied: Wir laden dazu ein, dass eine bestimmte Äußerung oder Situation vom anderen ge-/bewertet wird, und können uns innerlich »wappnen«, auch um eventuell das eigene Verhalten entsprechend zu ändern. Sonst kann sich nur wenig bewegen.

Achtsame und respektvolle Kommunikation erfordert eine gewisse Übung im bewussten Unterscheiden und Auseinanderhalten von Beobachtung und Bewertung. In den diversen Vermischungen wird leicht Kritik wahrgenommen, sodass das, was wir eigentlich mitteilen wollen, nicht ankommt, weil es am emotionalen »Abwehrreflex« abprallt.

Wir sollten stattdessen üben, unsere Beobachtungen konkret auf einen Zeitraum und den beobachteten Situationszusammenhang zu formulieren. Danach kann unsere Einschätzung oder Wertung – am besten in Form einer »Ich-Botschaft« – folgen.

»Also darf ich doch sagen, dass ich mich von meiner Frau kritisiert fühle«, fragt jetzt Herr B., der aufmerksam zugehört hat, nach.

»Ja, sicher darfst du das«, kontert seine Frau. »Aber ich will dann schon wissen, was ich konkret wann und wie gemacht habe, worauf du dich beziehst. Dann können wir gerne darüber ins Gespräch kommen. Darüber freue ich mich doch!«

»Das mit dem Unterschied von Beobachten und Bewerten musst du mir noch mal in Ruhe erklären …«, sagt Herr B. und schmunzelt seine Frau an.

Wenn Herr B. wüsste, wie »fortgeschritten« es im nächsten Grundkurs-Kapitel zugehen wird … Da steigen wir nämlich noch ein bisschen tiefer ein in den »Mikrokosmos« der Sprache.

3. Vom guten Gefühl, seinen Gefühlen Ausdruck verleihen zu können

»Ich fühle mich von meinem Mann bei wichtigen Entscheidungen, die uns beide betreffen, total unter Druck gesetzt«, beschwert sich Frau P. und fasst damit all das zusammen, was das Paar in den Wochen zuvor zum Thema Geldanlage, Aktienkauf und Zukunftssicherung besprochen hatte.

Ich bitte Herrn P., der schon sichtlich »auf dem Sprung ist«, seiner Frau eine »gepfefferte Antwort« zu geben, um ein bisschen Geduld und sage: »Herr P., nur mal so zur Abwechslung – wie wäre es, wenn wir heute einmal überprüfen, wie Sie auf den eben gehörten Satz Ihrer Frau reagieren könnten.«

»Ich wüsste schon, wie …, aber wie meinen Sie das jetzt genau?«

Herr P. signalisiert Aufnahmebereitschaft, Frau P. wirkt ebenfalls neugierig.

»Ich habe mal in einem schlauen Buch gelesen, dass wir grundsätzlich vier Möglichkeiten der Reaktion haben, wenn uns etwas Negatives mitgeteilt wird.«

Vier Möglichkeiten, wie wir auf Kritik reagieren können

»Ich bin gespannt«, sagt Herr P. knapp.

»Je nachdem, wie wir gerade so drauf sind und was es für eine negative Mitteilung ist, können wir als Erstes die Schuld für diese empfundene Kritik bei uns suchen. In unserem Beispiel eben würden Sie das Urteil Ihrer Frau annehmen und sich selbst die Schuld daran geben, dass sie sich offenbar unter Druck fühlt. Sie könnten – innerlich oder auch ausgesprochen – entsprechend antworten, etwa mit ›Oh, tut mir leid. Ich bin wohl zu forsch gewesen, um die Sache vom Tisch zu kriegen. Das ist wohl so meine Art.‹«

»Jaja, das könnte ich wohl, aber korrekt wäre das nicht. Außerdem habe ich gar keine Lust, mir Schuldgefühle zu machen, wenn wir ganz in Ruhe gemeinsam über unsere Zukunft sprechen.«

»Langsam, ist ja erst die eine der vier Möglichkeiten. Und Sie haben recht, sich regelmäßig selbst die ›Schuld‹ zu geben, zehrt am Selbstbewusstsein und geht auf Dauer auch nicht gut. Schauen wir uns mal die zweite Möglichkeit an: Sie könnten ja auch Ihrer Frau die Schuld geben, wenn sie sagt, dass sie sich unter Druck gesetzt fühlt. Das wäre dann so eine Art Gegenangriff auf gleichem Niveau. Zum Beispiel: ›Nee, nicht ich setze dich unter Druck, du setzt dich selbst unter Druck, und außerdem fühle ich mich im Stich gelassen, wenn du die Sache immer weiter blockierst.‹«

Die Reaktion von Herrn P. kommt prompt: »Woher wissen Sie das?«, feixt er, und seine Frau sagt: »Genau so läuft es ja bei uns zu Hause.«

»Okay, das kommt Ihnen also bekannt vor und war ja erst die zweite Möglichkeit, wie wir auf eine negative Äußerung reagieren können. Spannend wird es jetzt bei Nummer drei und vier unserer Möglichkeiten: Stellen Sie sich bitte vor, Herr P., Sie lassen das mit der Schuldsuche und gehen ›eine Etage tiefer‹.«

»Was heißt das?«, will Herr P. wissen.

»Sie forschen stattdessen nach dem inneren Widerhall des Satzes Ihrer Frau. Sind Sie eigentlich sauer? Vielleicht ein bisschen. Oder eher verzagt, weil Sie gar nicht genau wissen, wie Sie Ihrer Frau das mit den Aktien noch verständlicher erklären können, damit sie sich sicherer fühlt? Oder werden Sie traurig, weil Ihnen das Gefühl der Gemeinsamkeit wegzurutschen droht?«

»Ja, wenn ich's genau bedenke, von alledem etwas. Das haben Sie gut ausgedrückt.«

»Könnten Sie sich denn vorstellen, das in einer ähnlichen Situation für sich auszudrücken?«

Herr P. reagiert aufgeschlossen und um Veränderung bemüht: »Vorstellbar ist das schon, weil es ja auch einen Unterschied macht, scheint mir. Aber es ist so ungewohnt.«

»Ja, das müssen wir üben. Die Möglichkeiten eins und zwei – wir suchen die Schuld bei uns oder beim anderen – sind schon fast so was wie Reflexe geworden. Irgendjemand muss ja Schuld haben ... Offen wird das Gespräch mit steigender Chance zu einer einvernehmlichen Klärung, wenn wir Kontakt zu dem aufnehmen, was bei uns ›drinnen los ist‹, und das mitteilen. Manchmal fehlen uns auch einfach Übung und entsprechende Worte. Wer sagt schon gerne nach einer ›Attacke‹: ›Ich bin traurig.‹ – Erstaunlicherweise verändert es allerdings die Stimmung enorm.«

»Das kann ich mir schon vorstellen«, sagt Herr P., »traurig bin ich dann vielleicht auch ein bisschen, aber vor allem fühle ich mich allein gelassen, weil es ja auch nicht angenehm ist, solche Sachen allein entscheiden zu müssen. Und vor allem mit einer Frau an der Seite, die sagt, sie sei überrollt worden.«

»Allein gelassen, sagen Sie, wieso eigentlich gelassen?«

»Moment«, überlegt Herr P., der ahnt, worauf ich hinauswill. »Ja, allein gelassen schon, aber wenn Sie so nachfragen, müsste ich wohl sagen: ›Ich fühle mich allein.‹ Das ist allerdings noch viel ungewohnter.«

»Ja, ungewohnt ist das wohl. ›Ich fühle mich allein‹ ist eine Aussage, die wiederum verletzlich zu machen scheint, trifft aber ja genau das, was das Gefühl ausmacht – ohne Schnörkel und Schuldzuweisung. Wichtig scheint mir dabei der Punkt mit der Verantwortung. Sie wird nicht entweder zu mir auf mein ›Schuldkonto‹ geschoben oder zu meinem Gegenüber auf sein ›Schuldkonto‹, sondern wir übernehmen die Verantwortung für das, was wir fühlen, und teilen es mit. Mal sehen, was dann damit passiert. Die Situation ist offen und nicht mehr festgefahren.«

»Das klingt spannend«, meldet sich jetzt Frau P. wieder zu Wort, die aufmerksam zugehört und ihren Mann beobachtet hat. »Verraten Sie uns denn auch noch die vierte Möglichkeit?«

»Die vierte Möglichkeit, auf etwas zu reagieren, was uns zu

kritisieren scheint, ist natürlich der Aufmerksamkeitsschwenk auf das, was möglicherweise beim Gegenüber ›darunter liegt‹.

Was wäre zum Beispiel, wenn Ihr Mann Sie dann fragen würde: ›Bist du angespannt, weil du solche Dinge gerne wirklich verstehen und vor allem in deinem Tempo entscheiden willst?‹«

»Das wäre 'ne Revolution!«, sagt Frau P. spontan und lächelt ihren Mann freundlich an.

»Verstehe«, sagt Herr P. nach einem verdutzten Augenblick. »Wir könnten das mit der Schuld einfach mal weglassen. Und ich würde dich dann fragen, was bei dir los ist. Wäre das nicht komisch?«

»Finde ich nicht«, sagt Frau P., »darum geht's doch dann ohnehin die ganze Zeit, aber wir kommen nicht dazu, es auszusprechen.«

»Verstehe«, sagt Herr P. wieder recht knapp – und wirkt ein bisschen erleichtert.

Tipp

Die Schuldbrille ablegen

Wirkliche Begegnung, echte Klärung und Verständigung können nur dann entstehen, wenn wir die »Schuldbrille« ablegen, die unseren Blick im »Außen« hält. Wenn es uns gelingt, unseren Blick, unsere Aufmerksamkeit nach innen zu richten und entweder offenzulegen, wie es uns mit einer kritischen Äußerung wirklich geht, bzw. die Gefühle und Bedürfnisse des Gegenübers »in den Fokus« zu nehmen, dann ist eine wichtige Voraussetzung für respektvolle Kommunikation erfüllt.

Dabei delegieren wir auch nicht mehr die Verantwortung für das, was gerade in uns passiert, in die Abteilungen »selbst schuld« bzw. »die Welt ist schuld«, sondern verabschieden uns von diesem Modell und teilen mit, was wirklich ist und passiert.

Statt »Du behandelst mich total respektlos.« lieber: »Ich bin sauer, weil ich mir mehr Respekt wünsche.«

Statt: »Du blockierst die ganze Zeit meine Bemühungen, zu einem gemeinsamen Ergebnis zu kommen.« lieber: »Ich bin enttäuscht, weil meine Bemühungen, zu einem gemeinsamen Vorgehen zu kommen, offenbar erfolglos bleiben.«

Und statt: »Immer lässt du mich bei dem Thema im Regen stehen, und wir kommen zu nichts.« lieber: »Ich fühle mich unglücklich und allein, weil ich das Thema nicht mit dir zusammen klären kann.«

Diese hilfreicheren Sätze fangen – wie gesehen – mit »Ich bin …« oder »Ich fühle …« an.

Sie öffnen die Situation und bergen die Chance der Annäherung und Verständigung, wenn sie denn eine »echte« Äußerung von Gefühl und dem zugrunde liegenden Bedürfnis sind.

Verzwickt wird es nämlich mit den sogenannten Pseudogefühlen, die ihrerseits eine Beurteilung beinhalten.

Die verzwickten Pseudogefühle

Frau P. hatte im Grunde ein Pseudogefühl formuliert, als sie das Gespräch mit dem Satz eröffnete: »Ich fühle mich von meinem Mann bei wichtigen Entscheidungen, die uns beide betreffen, total unter Druck gesetzt.«

Das Pseudogefühl drückt eher einen Gedanken, eine Interpretation aus, während das eigentliche, im Körper erlebte Gefühl unausgesprochen bleibt. Ein Pseudogefühl unterstellt einen Täter, der »für mein Gefühl« verantwortlich ist. Damit schieben wir den »Schwarzen Peter« dem (Gesprächs-)Partner zu und verhindern damit gleichzeitig Begegnung und Verständigung. Die »Verantwortung« für ein Gefühl habe ich – und das bleibt auch so. Es ist nur die Frage, ob ich bereit und in der Lage bin, die Verantwortung für meine Gefühle und Bedürfnisse zu sehen und zu übernehmen …

Pseudogefühle sind also »trickreiche Gefühlsäußerungen«. Es sind Formulierungen wie: »Ich habe das Gefühl, du willst mich nicht unterstützen.«

Besser, direkter und ehrlicher hieße das: »Ich fühle mich kraftlos, weil ich schon so lange um deine Aufmerksamkeit und Hilfe ringe.«

Oder: »Ich fühle mich total ausgenutzt.« Besser wäre: »Ich bin stinksauer, nachdem ich dir schon dreimal Geld geliehen habe und es erst nach mehrfachem Nachfragen von dir zurückbekomme.«

Oder: »Du gibst mir das Gefühl, ich bin eine Niete.« Direkter und ohne »Schuldzuweisung« wäre die Mitteilung: »Ich bin deprimiert. Mir liegt sehr viel daran, dass du mich magst.«

Den »Wort-
baukasten«
erweitern
Um zu echten, den respektvollen Dialog eröffnenden Beschreibungen unserer Emotionen und Bedürfnisse zu kommen, brauchen wir mehr Worte und den Mut, sie zu verwenden. Es ist nicht selbstverständlich, sich offen mitzuteilen. Hierzulande ist immer noch der »klare Verstand« mehr wert und anerkannt als »das klar formulierte Gefühl«. Die Erfolgsaussichten auf respektvolle, nicht abwertende Verhandlungen in der Partnerschaft steigen jedoch, je größer unser »Wortbaukasten« dafür ist, wenn wir ausdrücken wollen, dass unsere Bedürfnisse erfüllt bzw. noch nicht erfüllt worden sind, wenn wir uns zufrieden oder eben (noch) unzufrieden fühlen.

Oft bleiben wir in unseren Beschreibungen an der Oberfläche und allgemein.

Was meint zum Beispiel die Aussage »Ich fühle mich nicht gut« genau?

Hilfreich für Sender und Empfänger wäre dann eine Präzisierung. Es ist erstaunlich, wie viel Worte unsere Sprache für Emotionen bereithält – und alle ohne »Schuldzuweisung«.

Wählen Sie bitte aus der folgenden Liste aus:

Tipp

Variationen für »Ich-fühle-mich-nicht-gut«-Worte

allein	deprimiert	erschrocken
ängstlich	eifersüchtig	erschüttert
ärgerlich	einsam	frustriert
angespannt	elend	geladen
apathisch	entmutigt	gereizt
besorgt	entsetzlich	hilflos
betrübt	enttäuscht	hoffnungslos
beunruhigt	erbärmlich	krank
böse	erschöpft	leblos

leer	trübsinnig	verzagt
lustlos	unbehaglich	verzweifelt
miserabel	unentschlossen	voller Angst
müde	unglücklich	voller Groll
mutlos	unsicher	voller Schmerz
nervös	unwohl	voller Sorge
niedergeschlagen	unzufrieden	voller (Selbst-)Zweifel
sauer	verbittert	voller Traurigkeit
schwach	verletzt	wie ein Dampfkessel
schwermütig	verloren	wütend
traurig	verwirrt	zornig

Gerade las ich, dass das »Kleinod« im Wettbewerb »Das bedrohte Wort« den ersten Platz belegte vor »blümerant« und »Labsal«. Warum erwähne ich das hier?

Kleinode der Sprache

Wird Ihnen nicht auch manchmal blümerant, wie nichtssagend und hohl unsere Kommunikation heute in Zeiten von E-Mail und TV-Dauerberieselung geworden ist? Mein Favorit für den Spitzenreiter an Blödheit ist die Handy-Werbung: »Warum reden, wenn man simsen kann?«

Ich plädiere stattdessen für das »Gegengift«, denn ich glaube daran, dass es eine Labsal ist, wenn wir ein paar Kleinode in unserem »Wortbaukasten« bewahren und zur Verwendung bereithalten, um auch unseren positiven Gefühlszuständen variantenreich Ausdruck zu verleihen.

Eine Sehnsuchts-SMS in Ehren, aber wie wär's eigentlich mal wieder mit einem Liebesbrief an den »holden« (Platz 9) »Augenstern« (Platz 6 der bedrohten Worte)?

Die allgemeine Formulierung »Ich fühle mich gut« ist dabei ein bisschen mickrig. Sie klingt grundsätzlich positiv und für den Partner entspannend (Attackenwahrscheinlichkeit gering!), bleibt jedoch recht unpräzise. Warum es nicht genauer versuchen? Hier ein paar Vorschläge zum Ausprobieren:

Variationen für »Ich-fühle-mich-gut«-Worte

akzeptiert	geliebt	sicher
anerkannt	gemocht	sprühend
angenehm	gewürdigt	stabil
angenommen	glänzend	stark
aufgekratzt	glücklich	stolz
ausgelassen	großartig	toll
befreit	heiter	umwerfend
begehrt	herrlich	unbekümmert
begeistert	hoffnungsvoll	unterstützt
berührt	im Gleichgewicht	vergnügt
energievoll	kompetent	verliebt
entschlossen	kraftvoll	verstanden
entspannt	lebendig	voller Freude
erfreut	leichtherzig	voller Schwung
erfüllt	lustig	wertvoll
erleichtert	optimistisch	willkommen
ermutigt	prächtig	wunderbar
fantastisch	satt	zärtlich
fröhlich	selbstbewusst	zufrieden
geachtet	selbstsicher	zu Hause
gelassen	sexy	zuversichtlich

All diese Worte sind »kleine Helfer«, es in Sprache umzusetzen und unserem Partner mitzuteilen, wenn unsere Bedürfnisse (noch) nicht oder eben doch erfüllt sind.

Zu dem zentralen Zusammenhang von Gefühlen und Bedürfnissen kommen wir im nächsten Kapitel.

4. Was brauche ich? Was brauchst du?

»Ehrlich gesagt, manchmal weiß ich überhaupt nicht, was mein Mann eigentlich will. Das fühlt sich für mich dann so an, als suchte ich die Nadel im Heuhaufen, darf aber keinen Grashalm anfassen und nachschauen. Das ist absolut frustrierend für mich«, sagt Frau D., und die Enttäuschung ist ihr anzusehen.

Herr D. seinerseits sieht das ganz anders: »Für dich mag das ein Suchen nach der Nadel im Heuhaufen sein, für mich ist das die Suche nach dem Strohhalm im Nadelkissen. Dauernd werde ich von dir befeuert und gepiesackt, dass ich nun endlich sage, was mit mir los ist. Und ich weiß nicht, wie ich aus dem Nadelkissen rauskommnen soll, wo es da den rettenden Strohhalm gibt. Ich finde es nicht sehr verwunderlich, dass ich dann dicht mache oder weggehe.«

»Herr D., darf ich Ihnen eine einfache Frage stellen?«

»Nur zu!«

»Das mit dem Bild des Strohhalms im Nadelkissen hat was. Was würden Sie in einer solchen Situation wohl brauchen?«

»Wie meinen Sie das? Was soll ich da brauchen?« Herr D. überlegt einen Moment. Dann sagt er: »Zuallererst mal, dass mich meine Frau nicht anders haben will, als ich nun mal bin.«

»Könnte ich das mit Akzeptanz übersetzen? Oder ohne Fremdwort als Sich-angenommen-Fühlen?«

»Ja, so in der Richtung.«

»Okay, und was würden Sie sagen, Frau D., wenn ich die gleiche Frage an Sie richte: Was brauchen Sie in einer solchen Situation, wenn Sie versuchen herauszubekommen, was Ihr Mann möchte?«

Frau D. reagiert sofort: »Eine Antwort.«

»So ist das dann«, sagt Herr D. rasch und resigniert. »So dreht sich das bei uns im Kreis.«

»Na ja, so schnell aufgeben will ich ja nicht. Sie brauchen eine Antwort, Frau D., haben Sie gesagt. Was würde eine Antwort anders machen?«

»Ich würde dann endlich das Gefühl haben, dass mich mein Mann ernst nimmt.«

»Wenn er Ihnen nicht antwortet, haben Sie das Gefühl, er nähme Sie nicht ernst? Sie brauchen offenbar von ihm, dass er Sie ernst nimmt und unterstützt?«

»Ja, dann würde ich mich wahrscheinlich besser fühlen und

könnte wieder daran glauben, dass es sich lohnt, dass wir zusammen sind.«

»Wie hört sich das an, Herr D.?«

»Anders als sonst«, sagt der nun schmunzelnd – und das Eis scheint gebrochen. Von Heuhaufen und Nadelkissen ist nicht mehr die Rede.

Es ist immer wieder erstaunlich, wie sich die Atmosphäre zwischen zwei Menschen, die sich nahe sind, ändert, wenn sie anfangen, darüber zu sprechen, was sie wirklich brauchen, statt darüber, was am anderen nicht stimmt. Die in den vorigen Kapiteln kennengelernten Kommunikationssackgassen der Urteile, der Kritik, der Vergleiche und Bewertungen sind im Grunde unsere »hilflosen« Reaktionen auf unbefriedigte Bedürfnisse. Negative Gefühle und Vorwürfe sind unglückliche Folgen von unerfüllten Bedürfnissen. Wenn diese sichtbar (gemacht) und kommuniziert werden können, wächst die Hoffnung spürbar, dass es vielleicht doch noch eine Chance gibt, das zu bekommen, was man braucht und was man sich wünscht.

Und natürlich geht es zuallererst um die Grundbedürfnisse des Angenommenseins, der emotionalen Sicherheit, der Rücksichtnahme und des Respekts. Vielleicht vergessen wir im Trubel des Alltags zu oft, genau diese Signale auszusenden, dass sich unser Partner, unsere Partnerin angenommen, ernst genommen, verstanden und unterstützt fühlen kann. Diese Signale nähren eine Beziehung, machen sie sicher und lassen sie wachsen.

Der heikle Begriff
»Bedürfnis« Nur, was machen wir, wenn wir es gar nicht merken, dass unsere Unzufriedenheit, unser Frust, unsere Verzagtheit darauf beruhen, dass unsere Bedürfnisse nicht erfüllt sind?

Das Wort »Bedürfnis« ist hierzulande ein eher negativ besetzter Begriff. Wer will schon »bedürftig« sein? Aus den Windeln sind wir doch nun langsam raus …

Pustekuchen, die Windeln haben wir schon seit etlichen Jahren abgelegt, die Bedürfnisse aber nicht. Wie auch? Jeder Mensch braucht Luft zum Atmen – sonst würden wir ersticken, etwas zu essen und zu trinken – sonst würden wir maximal ein paar Tage überleben. Und jeder Mensch braucht emotionale Nahrung, er braucht das Gebrauchtwerden und das »Wichtigsein« für andere – sonst würden wir innerlich austrocknen oder »zu Stein«.

Warum ist es also so schwer, darüber zu sprechen, was wir brauchen?

Weil wir annehmen und in der Regel so erzogen wurden, dass wir verletzlich werden, wenn wir einräumen, dass wir etwas brauchen, dass wir »bedürftig« sind.

Vielleicht ist das der Grund, warum Herr D. »mauert«, wenn seine Frau ihn fragt, was er will. Vielleicht gibt es aber auch noch andere Gründe.

Ich kann nur empfehlen, sich – nicht nur im Streitfall, aber besonders dann – der Frage zuzuwenden: »Was brauche ich wirklich?«

Und wenn ich das herausgefunden, eben herausgespürt habe, kann es sehr viel bewegen, sich der Frage zuzuwenden, zuerst innerlich, dann vielleicht sogar ausgesprochen: »Was brauchst du – wirklich?«

Auch hier gilt: Es gibt keine Alternative zum Gespräch. Wir müssen das »Lippenrheuma« überwinden und mitteilen, was es ist, was wir brauchen.

Nach meiner Erfahrung ist die Antwort auf diese Frage immer wieder – und wen wundert es in diesem Buch? – Respekt.

Wenn ich mich geachtet, ernst genommen und gewürdigt fühle, kann ich über fast alles sprechen. Voraussetzung ist, mir wird so viel Zeit gelassen, wie ich brauche …

Interessanterweise sagen die einen, fatalerweise die anderen: Männer und Frauen reagieren auf unterschiedliche Signale, um sich respektiert zu fühlen.

Kleine Unterschiede, sich respektiert zu fühlen

Das ist nicht weiter schlimm, wenn man weiß, wie die Geschlechter »ticken«, und wenn wir lernen, dem liebsten Menschen in der Partnerschaft die Bedürfnisse zu erfüllen, die er wirklich hat, und nicht die, die wir selbst erfüllt bekommen möchten.

Deswegen folgt jetzt eine Aufstellung dieser Unterschiede zwischen Mann und Frau in Bezug auf das Gefühl, wirklich respektiert zu werden.

Tipp

Um sich respektiert zu fühlen, braucht Ihre Frau,

- dass Sie ihre Gefühle als »wahr« annehmen, sie nicht »schlechtmachen« oder ihr auszureden versuchen
- dass Sie ihre Ideen, Vorlieben und Interessen nicht abwerten
- dass Sie sie nicht unterbrechen und ermahnen, zum Beispiel mit: »Das gehört doch jetzt gar nicht zum Thema.« oder »Was stellst du dich denn so an?!«
- dass Sie sich bei Ihnen aussprechen kann, wenn sie sich belastet fühlt
- das Gefühl, dass Sie ihr zuhören und sie verstehen
- dass Sie ihr Mitgefühl statt (zu schnelle) Ratschläge anbieten
- dass Sie ihr tatkräftige Unterstützung vorschlagen, nachdem Sie ihr zugehört haben
- dass Sie sie nach ihrer Meinung fragen und in gemeinsame Entscheidungen mit einbeziehen
- dass Sie getroffene Absprachen nicht vergessen, sondern einhalten
- das Gefühl, liebevoll behandelt und umsorgt zu werden
- das Gefühl, in Ihrer Beziehung sicher zu sein
- dass Sie das, was sie den ganzen Tag leistet, nicht selbstverständlich finden, sondern regelmäßig würdigen
- dass Sie ihr das Gefühl vermitteln, wichtiger als alle anderen zu sein, indem Sie sie zum Beispiel grundsätzlich zuerst begrüßen
- das Gefühl, etwas Besonderes zu sein
- viel Zärtlichkeit
- jeden Tag und immer wieder Signale der Wertschätzung und Bestätigung von Ihnen
- dass Sie sich selbst ausreichend pflegen und auf Ihr Äußeres achten.
- dass Sie sich nicht aus der »Arbeit an der Partnerschaft« zurückziehen.

Um sich respektiert zu fühlen, braucht Ihr Mann,

- dass Sie nicht fortgesetzt an ihm »herumnörgeln« und ihn kritisieren
- dass Sie ihn nicht kontrollieren oder »hinter ihm her spionieren«
- dass Sie seine Kompetenz und Leistung wertschätzen und ihm Erfolg zutrauen
- dass Sie seine Interessen und Hobbys (Fußball, Stammtisch, Autos etc.) nicht »schlechtmachen« oder ihm auszureden versuchen
- das Gefühl, das Leben (auch ohne fremde Hilfe) meistern zu können
- Ihr Verständnis, dass er versucht, zunächst mit Problemen allein fertig zu werden
- dass Sie ihm Ihre Hilfe nicht aufdrängen, sondern erst helfen, wenn er Sie ausdrücklich darum bittet
- dass Sie ihm seine Rückzugsräume lassen und ihn nicht »verfolgen«, etwa mit dem Hinweis »Du hast doch was!«
- dass Sie ihn nicht bedrängen, er solle endlich über seine Gefühle sprechen
- Ihr Vertrauen, dass Sie nichts falsch gemacht haben, wenn er sagt: »Alles in Ordnung, wirklich«
- dass Sie seinen Lösungsvorschlägen Gehör schenken und ernsthaft in Erwägung ziehen
- dass Sie an seine Integrität, Zuverlässigkeit und Ehrlichkeit glauben
- das Gefühl, gebraucht und (ein bisschen) bewundert zu werden
- dass Sie ihm die Freiheit lassen, ohne »Liebesentzug« auch mal eine Ihrer Bitten ablehnen zu können
- das Gefühl, dass Sie stolz auf ihn und Ihre Partnerschaft sind
- dass Sie seinen Einsatz für die Sache und für die Partnerschaft würdigen
- das Gefühl, dass er für Sie »der Größte« ist.

Ich habe davon abgesehen, das Ehepaar D. zu fragen, was es von diesen Listen hält. Ich gehe davon aus, dass die Zustimmung relativ hoch wäre.

Vielleicht könnten die Fragen »Was brauche ich? Was brauchst du?« auch dem Ehepaar W. helfen, dort geht es im nächsten Kapitel jedoch erst mal um die »Vorarbeit«, nämlich die Möglichkeiten, zu einer »Waffenruhe« und Verhandlungspause zu kommen.

5. Die weiße Fahne hissen: Friedensangebote annehmen

»Ich habe schon oft darüber nachgedacht, wieso mein Mann und ich uns im Laufe der Zeit immer weiter voneinander entfernt haben«, sagt Frau W. und knetet das Taschentuch in ihren Händen. »Ich glaube, es liegt daran, dass in unseren Streits so viel ›Porzellan kaputtgegangen ist‹. Wir kriegen dann einfach die Kurve nicht, obwohl wir eigentlich wissen, dass es nichts bringt, uns anzuschreien.«

»Streiten macht müde?«

»Ja, und dann geht auch etwas von der Zuneigung verloren, die man doch eigentlich gar nicht verlieren will ...« Frau W. schaut vorsichtig und fragend zu ihrem Mann.

»Das stimmt. Wir schmeißen uns dann im Eifer des Gefechts Sätze an den Kopf, die wir anschließend total bereuen. Aber innerlich ist das so, als ginge jedes Mal ein bisschen mehr kaputt.«

Das Ehepaar W. beschreibt anschaulich den Mechanismus, wie verletzende Streitgespräche dazu beitragen, dass Achtung verloren geht und Gefühle der Einsamkeit, der Ohnmacht und Vergeblichkeit Einzug halten. Offenbar geht es dann darum, die Streitspirale effektiv zu stoppen, *bevor* die emotionale und physische Überflutung einsetzt, wie der Paar-Forscher John Gottman es herausgefunden hat (siehe Lieben ist schöner als Siegen, S. 36). Denn wer sich gerade »in der Vorwärtsverteidigung befindet« und alle Kräfte dafür einsetzen muss, sich »endlich verständlich zu machen«, bekommt den erwähnten »Tunnelblick«. Gleichzeitig steht ihm der »Zuhör-Kanal« nur noch eingeschränkt zur Verfügung, was die Sache nicht leichter macht. Das Herz pocht, das Adrenalin steigt, der Atem stockt. Das Hirn funkt Widersprüchliches: »Das geht nicht gut, aber gib nicht auf!«

»Ja, dann bin ich einerseits richtig auf hundertachtzig und andererseits total durcheinander«, konkretisiert Herr W.

»Das klingt so, als wäre es dann auch nicht mehr möglich, klar zu denken. Was wäre dann eigentlich gut?«, versuche ich es mit einer Frage.

»Na ja, Aufhören wäre gut, ist doch klar«, meint Herr W. lakonisch.

»Wenn das so einfach wäre, würden Sie's ja machen.«

Und wieder entsteht eine kleine Pause der Ratlosigkeit.

»Ich glaube ja«, sagt dann Frau W., »wir können in so einem Streit nicht aufhören, weil wir beide ein Signal des Respekts brauchen und irgendwie erzwingen wollen. – Ich habe dann das Gefühl: Das kann ich mir nicht gefallen lassen, wie er mich beschimpft, kritisiert und schlechtmacht. Und ich kann die Arena nicht einfach verlassen, ohne dass es eine Niederlage wäre. So mach ich auch immer weiter, obwohl es mir dabei richtig mies geht. Es ist eben ein Kampf, bis einer gewinnt.«

»Gewinnt denn einer?«, frage ich nach.

»Nee«, meldet sich Herr W. wieder zu Wort, »im Grunde verlieren wir beide, auf lange Sicht allemal.«

»Könnte es sein, dass es um ein respektvolles Aufhören geht? Sozusagen eine ›erlaubte‹ Unterbrechung ohne Gesichtsverlust und Niederlagegefühl? Denn meistens ist es ja gerade so, dass man im Kampfgetümmel das Zeichen des Respekts, das der andere zum Aufhören braucht, nicht hinbekommt.«

»Das klingt gut«, sagt Frau W.

»Es könnte also vielleicht ein verabredetes Auszeit-Signal sein, um sich wieder beruhigen zu können, ein Zeichen zum Waffenstillstand? Was wäre da vorstellbar?«

»Wir müssten uns halt auf etwas einigen«, sagt Herr W. mit wiedererwachtem Optimismus in der Stimme.

Ich hake nach: »Ein klares ›Stopp, lass uns aufhören!‹? Und beide wissen Bescheid, dass das jetzt eine Maßnahme zur Rettung der Beziehung ist, zur Wahrung des Respekts?«

»Ich glaube, das reicht nicht, das hab ich schon mal versucht, und es hat nicht geklappt mit dem Aufhören«, meint Herr W.

»Na ja, wo wir jetzt darüber gesprochen haben«, ist Frau W. zuversichtlicher. »Ich kann mir vorstellen, dass wir dann ›Auszeit‹ sagen. Dann kann man erst mal wieder durchatmen.«

»Ja, könnte dazu vielleicht auch eine ›erlaubte‹ räumliche Entzerrung sinnvoll sein?«, frage ich. »So was wie: ›Ich geh erst mal raus und schnappe frische Luft. Wir reden später weiter.‹«

»Das ist gut«, findet Frau W., »von jetzt an ist es erlaubt, ›Auszeit‹ zu sagen, ohne dass jemand den Streit ›verloren‹ hat.«

»Okay, einen Versuch ist es allemal wert«, stimmt ihr Mann zu.

Tipp

Rettungsversuche gelingen lassen

Wer Respekt und Verbundenheit wahren will, muss wissen, wie man Frieden schließt.

Am Anfang steht bei »Streits der Stufe Rot« offenbar das (verabredete) Zeichen zum Waffenstillstand – die »Kontrahenten« trennen sich vorläufig.

Aber es muss ja nicht zwangsläufig zum Äußersten kommen. Zufriedene Paare haben ein reichlich ausgestattetes Repertoire an »Rettungsmaßnahmen«: Genauso umfangreich wie das »Waffenlager« für unnötige und ungewollte Verletzungen ist das Depot der »Friedensflaggen«, man sollte nur den Schlüssel noch greifbar haben.

Offenbar geht es, wie es Frau W. beschrieben hat, um das Zeichen der Verbundenheit, das so sehnlichst erwünscht wird.

- Manchmal reicht schon der Wimpel einer ehrlichen Ich-Botschaft, um »die Kurve zu kriegen«: »Ich möchte so nicht mit dir reden. Das macht mich traurig.«
  »Es trifft mich, wenn du so etwas zu mir sagst.«
  Oder: »Ich merke, dass ich Angst bekomme.«
- Manchmal wendet eine Entschuldigung das Blatt: »Es tut mir leid. Ich wollte dich nicht verletzen.«

»Das war nicht okay von mir, lass es mich noch einmal ohne Vorwurf versuchen, was ich ausdrücken will.«

⚑ Eine weithin sichtbare Flagge ist das erwähnte Signal zur Auszeit:

»Wir müssen uns jetzt nicht einigen, lass uns das später noch mal besprechen.«

»Moment bitte, ich brauch 'ne Pause.«

»Stopp mal, das ist mir jetzt zu viel.«

⚑ Besonders eindrucksvoll sind Sätze, die signalisieren, dass man selbst zum Einlenken bereit ist, dass man sich »der anderen Seite« annähert. Sie haben die Macht, den hitzigen Debatten »die Luft zu nehmen«. Und zusätzlich klettern die Werte auf der Respekt-Skala wieder in die Höhe:

»So hab ich das noch nicht gesehen.«

»Das stimmt, du hast recht.«

»Ich glaube, ich verstehe, was du sagen willst.«

»Das finde ich so toll an dir, dass du nicht aufgibst.«

Das könnten die Zeichen des Respekts sein, die Frau W. meinte.

Wer es auch in einer turbulenten Auseinandersetzung schafft, innerlich einen Schritt zurückzutreten und sich für einen Moment »in die Schuhe des anderen zu stellen«, bleibt in Verbindung mit dem Gegenüber. Nach solchen Sätzen, die Brücken bauen, ist es leichter, wieder die »Hand zum Friedensschluss« auszustrecken, und es ist möglich, den Streit mit einem Kuss oder einem »Ich liebe dich« zu beenden oder zu vertagen.

Entscheidend ist dabei, auf die Friedens- und Stopp-Signale zu achten und ihnen eine Chance zu geben, wirken zu können, um frühzeitig die gefährliche »Überflutung« zu vermeiden.

Was sonst noch nützlich ist zu wissen, um destruktiven Streits möglichst keine Chance zu geben, finden Sie im nächsten Kapitel des Grundkurses respektvolle Kommunikation.

Sie können jetzt natürlich – nach fünf von zehn Kapiteln – auch erst einmal eine »Halbzeitpause« als »Überflutungsprophylaxe« einlegen …

6. Wünschen statt befehlen, bitten statt fordern

»Weißt du eigentlich, was mir total auf die Nerven geht, Mathias?!«

Es wirkt so, als habe Frau T. beschlossen, sich heute aus der Deckung zu wagen und ihren Mann zu konfrontieren.

Dessen Gesicht zeigt wenig Regung – vielleicht ein bisschen Neugier. »Lass hören!«, sagt er schroff.

»Genau das, Mathias, genau das – ›Lass hören!‹ ... Auch jetzt antwortest du mit einem Befehl. Ich will nicht mehr rumkommandiert werden, Mathias. Ich will nicht mehr hören: ›Mach dies, kümmer dich um das! Hast du endlich beim Kinderarzt angerufen? und so weiter. Das ist es, Mathias, was *ich* nicht mehr will. Oder wie neulich: ›Heute gehen wir zusammen ins Kino!‹«

Herr T. richtet sich in seinem Stuhl auf, um sich »geradezumachen«: »Das sollte doch 'ne Überraschung sein. Ich dachte, du freust dich darüber ...«

»So eine Art Überraschung mag ich aber nicht. Kannst du mich vielleicht mal fragen, was *ich* eigentlich will?!«

»Das machst du doch auch schon lange nicht mehr, Margrit. Du findest, ich befehle. Da kann ich nur sagen: Im Grunde bist du es, die befiehlt – nur subtiler. Wenn du was von mir willst, klingt es wie eine Bitte, aber eigentlich ist es eine Forderung.«

Ein tückischer Irrglaube

Mathias und Margrit T. scheinen nicht wirklich zueinanderzukommen, sie »will nicht rumkommandiert werden« (wer will das schon?), er will keine Forderungen hören (dito).

Offenbar ist es schwer, das, was wir brauchen, so auszudrücken, dass wir es (gerne erfüllt) bekommen. Das liegt vor allem daran, dass wir es nicht gewohnt sind, uns etwas zu wünschen und um etwas zu bitten.

Seien es die »Überbleibsel« aus der Kindheit, sei es die Angst, dass unsere Wünsche abgelehnt werden könnten, ausgesprochen tückisch scheint mir darüber hinaus ein weit verbreiteter Irrglaube zu sein, der lautet: »Wenn du mich wirklich lieben würdest, würdest du wissen, was ich brauche. Dann bräuchte ich dich auch nicht mehr darum zu bitten.«

Oder anders herum formuliert: »Wenn du nicht weißt, was ich brauche, kannst du mich nicht wirklich lieben.«

»Ich würde mir wünschen«, sagt Frau T. jetzt in einem ruhigeren Ton, »dass sich mein Mann ein bisschen mehr Gedanken macht, was mir wichtig ist und was ich mag und was nicht.«

»Was meinst du wohl, was ich mir für Gedanken mache, Margrit. Aber wissen kann ich es erst, wenn du es sagst. Ich bin ja kein Hellseher.«

»Verlange ich ja gar nicht«, findet Frau T.

»Doch irgendwie schon. Denn wenn ich es nicht erahnt habe, was du willst, kriegst du so einen fordernden Ton. Dann ärgere ich mich und mache es, wenn überhaupt, missmutig und nicht freiwillig. Und dann ist das auch wieder nicht richtig und du sagst: ›Das hast du ja nur mir zuliebe getan …‹«

Das klingt wirklich nach einer Zwickmühle. Wie ist das also mit dem Unterschied zwischen Bitten und Fordern?

Zustimmung aus freien Stücken

Herr T. spricht aus eigener Erfahrung: »Wenn ich die Wahl habe, die Bitte freiwillig zu erfüllen, ist es ein ganz anderes Gefühl, als wenn ich befürchten muss, dass ich bestraft werden könnte, zum Beispiel durch nachträgliche Vorwürfe, dass ich schuld bin an der Unzufriedenheit und schlechten Laune meiner Frau.«

Die Kunst, um etwas zu bitten anstatt es zu fordern, besteht offenbar tatsächlich darin, deutlich zu machen, dass wir uns eine Zustimmung nur aus freien Stücken wünschen. Dieses Signal muss vom Bittenden ausgehen. Wenn der Gebetene den Eindruck gewinnt, eine Ablehnung komme ihn »teuer zu stehen«, empfindet er das Ansinnen als Forderung, auf die er nur entweder mit »Unterwerfung« oder mit »Widerstand« reagieren kann. Beides fühlt sich nicht gut an.

Das Gleiche gilt natürlich auch für die »Befehle« ihres Mannes, die Frau T. erwähnte, bei denen sie ebenfalls nur die Pseudoalternative hat: »Unterwerfung« oder »Widerstand«.

Mit respektvoller Kommunikation hat das beides nichts zu tun.

Die ist nämlich geprägt von den Grundspielregeln der Freiwilligkeit auf beiden Seiten: Ich kann offen äußern, was ich mir wünsche, setze aber nicht selbstverständlich voraus, dass mir mein Wunsch erfüllt wird. Und: Ich werde mein Bestes tun, Wünsche zu erfüllen, muss aber keine Nachteile erwarten, wenn ich sie abschlage oder nicht erfüllen kann.

Manchmal stehen wir uns mit unseren Erwartungen dabei selbst im Weg. Wenn ich bei mir denke: »Ich habe es doch verdient, das zu bekommen, darauf habe ich doch ein Recht.«, werden diese Gedanken möglicherweise in Tonfall und Wortwahl meiner »Bitte« einfließen und sie beim Empfänger zu einer Forderung machen. Schon werden, wie oben gesehen, meine Chancen, das zu bekommen, was ich möchte, geringer, denn erfüllte Forderungen haben eine andere Wirkung auf die Stimmung in der Partnerschaft als freiwillige Wunscherfüllungen.

Formuliere ich meine Wünsche mit dem Unterton: »Du musst jetzt aber …«, stelle ich mir selbst ein Bein (merke es mitunter noch nicht einmal) und belaste die Beziehung.

Wie hatte Frau T. gesagt: »Ich will nicht mehr rumkommandiert werden.«

Ihr Mann war bisher wohl auch dem Trugschluss erlegen: Wenn ich klar »ansage«, was ich erwarte und will, kriege ich mehr, als wenn ich es mir nur wünsche. Auf kurze Sicht und in Einzelfällen mag diese Rechnung aufgehen, eine respektvolle Beziehung pflegen kann ich damit nicht.

Denn grundsätzlich gilt: Wenn ich etwas vom anderen fordere, was der nicht geben will oder kann, stirbt die Liebe. Wenn ich aber das freudig annehme und wertschätze, was er freiwillig geben will oder kann, dann wird die Liebe genährt.

Das Gewohnheits-Pflichten-Konto Und noch eine »Tücke« sei erwähnt: Je länger ein Paar zusammenlebt, desto selbstverständlicher scheinen gewisse gegenseitige »Forderungen« zu sein, man hat sich ja schließlich vor langer Zeit das »Ja-Wort« gegeben. Und außerdem hat sich die Aufteilung der »Pflichten« doch im Alltag längst bewährt.

Dann verschiebt sich – leise und klammheimlich – die Wahrnehmung in der Beziehung, und so eine Art »Besitzanspruch« greift um sich. Die Partnerin, der Partner werden zum praktischen »Besitzobjekt«, fast so wie ein Beistelltisch oder Sofakissen – rührt sich ja nicht vom Fleck und bleibt immer da ...

Vorsicht: Egal, wie lange wir zusammen sind, wir werden niemals ein »Anrecht auf die Liebe des anderen« erwerben. Wer also den gegenseitigen Respekt in der Beziehung, das Miteinander zweier eigenständiger Subjekte, lebendig halten will, tut gut daran, das »Forderungs- und Pflichtenkonto« regelmäßig auf »gefühlte Selbstverständlichkeiten« zu überprüfen. Er wird wahrscheinlich schnell feststellen, dass sich darauf viele eingeschliffene Gewohnheiten tummeln, die ruhig einmal im gemeinsamen Gespräch wieder überprüft werden sollten.

Trotz aller lieb gewonnenen Gewohnheiten und stabilisierenden Rituale schadet es den Partnern nichts, wenn sie sich ab und zu fragen, ob sie einander noch mit dem gleichen Respekt gegenübertreten wie einem Fremden. Lustig – ich stelle mir gerade das Gesicht eines mir völlig Unbekannten vor, nachdem ich ihm ohne Vorwarnung gesagt habe: »Heute Abend gehen wir zusammen ins Kino!«

Oder wie ist es eigentlich mit den bewährten »Zauberworten« »Bitte« und »Danke«? Haben die sich im Alltag allein deshalb verflüchtigt, weil man ja schon so lange zusammen ist? Solche und andere Respekt-Worte der Höflichkeit behalten unabhängig von der Beziehungsdauer ihre wohltuende Wirkung.

»Ist in Ordnung«, sagt Herr T., »das mit dem Bitte und Danke und den Befehlen lass ich mir noch mal durch den Kopf gehen. Aber was mache ich denn nun, wenn meine Frau einfach ›Nein‹ sagt zu dem, was ich will?«

Vielleicht findet Herr T. ein paar Antworten dazu im nun folgenden Kapitel des Grundkurses respektvolle Kommunikation.

7. Das »Nein« in der Liebe respektieren

»Wenn ich es mir richtig überlege«, sagt Frau N. eher zu sich selbst als zu ihrem Mann, »dann fällt es mir enorm schwer, ihm einen Wunsch abzuschlagen. Das ist irgendwie ganz verquer. Ich glaube, ich kann grundsätzlich schlecht ›Nein‹ sagen. Einerseits weil ich ja gerne möchte, dass es ihm gut geht. Und andererseits ist er auch sehr schnell beleidigt, wenn ich mal was nicht so will wie er. Dann ist er regelrecht eingeschnappt und redet nicht mehr mit mir, bis ich dann wieder ›gut Wetter‹ mache und einlenke.«

»Meinst du die Sache mit dem Sex?«, fragt Herr N. prompt.

»Ja, auch«, sagt seine Frau mit einer leicht wegwerfenden Handbewegung, »aber nicht nur. Ich meine das eher auch allgemein in unserer Beziehung. Ich richte mich ja gerne nach dir, aber wenn ich merke, dass etwas nicht stimmig ist für mich, weiß ich nicht, wie ich es dir sagen kann. Verstehst du?«

»Teilweise«, sagt Herr N. und erläutert nach ein paar Momenten des Nachdenkens seine Sicht der Dinge: »Das stimmt schon, dass ich irgendwie nicht gut damit umgehen kann, wenn du mir was abschlägst. Für mich ist das so unangenehm, dass ich mich dann zurückziehe und zweifle, ob du mich noch liebst, wenn ich etwas verlangt habe, was du nicht magst. Dann mache ich mir auch Vorwürfe, dass ich zu weit gegangen bin oder dich nerve oder nicht mehr interessiere – oder was weiß ich.«

Ohne Abgrenzung keine Begegnung

Das klingt so, als sei es wirklich schwer abzuwägen, was unangenehmer ist: Ein Nein zu sagen oder ein Nein zu hören. Offenbar ist der respektvolle Umgang mit dem »Nein« in Beziehungen nicht einfach – und Übungssache. Kein Wunder, dass ein Buch des Schweizer Psychotherapeuten Peter Schellenbaum zum Bestseller wurde, sein Titel: »Das Nein in der Liebe«. Man kann also über das Thema ganze Bücher schreiben. Ein paar seiner zentralen Aussagen möchte ich hier zitieren:

»Was wir im Aufbrechen einer Liebe ohne eigenes Zutun zunächst als das Gegebene erfahren, ist nicht ein Nein, sondern das bedingungslose Ja zu einem Menschen, der uns so fern war und jetzt auf einmal so nahe, so vertraut scheint. Das Ja, das in der ersten Verliebtheit ein bloßes Gefühl war, kann zum Wort werden, durch das eine Ehe geschlossen wird. (...)

Wer (jedoch) nicht lernt, *in* der Liebe zum andern Nein zu sagen, weicht gerne in eine ›Wohlfahrtsehe‹ aus. Das totale Ja führt leicht zum totalen Nein: Diese Erfahrung machen zwei Liebende schon nach kurzer Zeit. Um die Beziehung vor diesem Umschlag zu retten, verzichten sie oft auf die Liebe und werden zu bloßen Vertragspartnern. Der traurige Verlust der Liebesbindung kommt daher, dass das Nein in der Liebe nicht eingeübt wird. Aus Angst vor dem Nein können zwei Partner nicht mehr ja zueinander sagen. Weil sie sich nicht abgrenzen können, können sie sich nicht mehr begegnen. (...) Wir müssen also lernen, in einer Weise Nein zu sagen, dass die Liebe nicht zerstört, sondern gefördert wird.«

Wie dieser Prozess der »gesunden Abgrenzung«, die die Liebe nicht zerstört, idealerweise abläuft, beschreibt die Psychotherapeutin Ursula Nuber in ihrem Buch »Was Paare wissen müssen« in den fünf Stufen der Liebe:

Die fünf Stufen der Liebe

Am Anfang steht das »Du bist ich«, der Ausnahmezustand der Verliebtheit, in dem man alles vom anderen aufsaugt und toll findet. Nach durchschnittlich zwei bis drei Jahren dämmert es den Beteiligten, und sie nähern sich – mit einem gewissen »Liebeskater« – der zweiten Stufe und gleichzeitig der ersten Tür aus diesem Buch, auf der steht: »Deine Welt ist anders als meine« (siehe Seite 48), oder wie es Nuber sagt: »Du bist anders.« Jetzt kommen Unterschiede in Sachen Geschmack, Vorlieben, Werte und Ziele mehr in den Blick und in die Diskussion.

Die rosarote Brille verliert langsam, aber sicher ihre Zauberkraft, und die Beteiligten sehen sich so (an), wie sie »wirklich« sind. Wenn auf dieser Stufe nicht beide neben dem geliebten Menschen selbst den Respekt für sein Anderssein in ihr Herz lassen, dann stehen die Chancen für die Beziehung schlecht. Die zweite Stufe ist also Wendepunkt und Bewährungsprobe zugleich für eine »echte Beziehung« – und der Respekt steht Pate. Denn jetzt gilt es, gemeinsam über die Hürden der dritten Stufe zu kommen, die heißt: »Du bist nicht richtig«. Das eigene Gefühl sagt einem: »Ich bin doch okay, aber irgendwie knirscht es zwischen uns«, und die bisher nur leisen Zweifel, ob man wirklich zusammenpasst, werden lauter.

Nuber – und mit ihr viele andere – beschreibt diesen Prozess als zwangsläufig und notwendig für eine dauerhafte Partnerschaft: »Denn in einer Beziehung geht es im Grunde immer um die Frage: Wie nahe kann ich dir kommen, ohne mich selbst zu verlieren? Wenn zwei Menschen sich ineinander verlieben, taucht früher oder später immer ein Konflikt auf: der Konflikt zwischen dem Bedürfnis nach Eigenständigkeit und Unabhängigkeit und dem Wunsch nach Geborgenheit und Intimität.«

Und wie sollte so ein Konflikt ohne deutliche Ansagen, ohne Abgrenzung, ohne irgendein »Nein« ausgetragen werden können?

In dieser Phase hängt es also davon ab, ob wir die Angst vor dem »Nein in der Liebe«, die sie nur vermeintlich zerstört, überwinden können. Denn – und das geht auch an die Adresse des oben genannten Ehepaars N. – wer nicht »Nein« zu sagen lernt in einer Partnerschaft, hat keine Liebesbeziehung, sondern eine Abhängigkeitsbeziehung ohne gegenseitige Achtung der Partner untereinander. So etwas wirkt sich zerstörerisch aus – sowohl für den, der nicht »Nein« sagt, als auch für den, der kein »Nein« zu hören bekommt. Ohne Reibung, ohne Abgrenzung, ohne »Nein« besteht die Gefahr der »fatalen Harmonisierung« oder der Unterwerfung – beides nimmt die Luft zum Atmen. Und die brauchen die Beteiligten dringend für die vierte (»Ich bin ich«) und die fünfte Stufe (»Du und ich sind wir«) zur Partnerschaft.

Die vierte Stufe ist geprägt von der Rückbesinnung auf das eigene Selbst, das sich in den Zeiten der Verliebtheit mitunter »klein gemacht hat, um den Liebesfrieden nicht zu gefährden«. Ohne diese Bestandsaufnahme der eigenen Wünsche an Leben und Partnerschaft verliert man die Beziehung zu sich und die Verbindung zur eigenen Kraft. Ein mentaler Muskelkater, ein Gefühl des Festgefahrenseins sind die Folge.

Und wenn die Verbindung zum eigenen Selbst verloren geht, gibt es auch Probleme beim Übergang auf die fünfte Stufe, die unter der Überschrift »Du und ich sind wir« von achtsamer Verbundenheit und gegenseitigem Respekt geprägt ist.

Fazit: »Augen zu und durch« funktioniert nicht, das Gegenteil trifft zu: Augen auf für eine ehrliche Auseinandersetzung. Wir müssen uns realistisch betrachten, je besser wir uns kennenlernen – und das bezieht sich auf das Ich *und* das Du –, desto tragfähiger wird unsere Liebe. Ein dauerhaftes »Ja« zur Beziehung kommt ohne das »Nein« der gesunden Abgrenzung nicht aus.

Wer sich mit diesem grundlegenden Gedanken anfreunden kann und vertraut macht, hat es auch leichter, mit der Kränkung einer vermeintlichen Ablehnung durch den geliebten Menschen umzugehen.

Denn wer sich – verständlicherweise – durch ein »Nein« abgewiesen, missverstanden oder verletzt fühlt, kann sich selbst aus dem Leidenssumpf wieder herausziehen, indem er sich vergegenwärtigt: Dieses Nein dient der Wahrung der eigenen Identität meines Gegenübers, es ist keine Ablehnung meiner Person, sondern nützt am Ende unserer gemeinsamen Beziehung.

Erst über das ausgesprochene »Nein« kommen wir zu einem allumfassenden »Ja«.

An dieser Stelle hilft die Erinnerung an die bereits im Kapitel »Lieben ist schöner als Siegen« (siehe Seite 25) beschriebene Grundregel: Der Satz »*Das* ist nicht gut für mich.« meint nämlich nicht: »*Du* bist nicht gut für mich.«

Im Gegenteil: Gut, dass du mir sagst, was du nicht magst – dann kann ich in Zukunft Rücksicht darauf nehmen. Und Rücksicht ist ja die Übersetzung von Respekt …

Das »Nein« ermöglicht erst das »Ja«

8. Mitgefühl statt Ratschläge

»Es ist ja nicht so, dass meine Frau und ich keine Probleme haben würden«, meint Herr R. und schlägt das rechte über das linke Bein. »Ja, natürlich haben wir auch Probleme miteinander, aber mir kommt es so vor, als läge das vor allem auch daran, dass wir uns irgendwie gar nicht richtig gegenseitig helfen können, wenn wir im Stress sind. Und Stress gibt's ja heutzutage reichlich. Dann möchte ich meine Frau gerne unterstützen, so gut ich kann. Aber sie lässt sich irgendwie nicht von mir helfen.«

»Das stimmt nicht, Klaus«, erwidert Frau R., »ich würde mir sehr gerne helfen lassen, aber irgendwas läuft da schief, wenn ich mit meinen Sorgen zu dir komme. Danach denke ich oft, ich muss es ohnehin allein schaffen. Und manchmal frage ich dich schon gar nicht mehr.«

»Was stimmt denn nicht, Annegret? Sag mal bitte ein Beispiel.«

»Okay, lass mal überlegen. Ja, das letzte Mal war das, glaube ich, als ich dir erzählt habe, dass es mich fertig macht, wie herablassend mich mein Chef behandelt hat. Da hast du gesagt: ›Ich an deiner Stelle würde versuchen, mir nicht so viele Gedanken zu machen. Immerhin haben wir beide noch einen Job – und es gibt knapp vier Millionen Arbeitslose.‹ Da hab ich gedacht: Na, prima, wieder nichts … Und so ist das oft mit uns. Ich weiß ja, dass du es lieb meinst, aber ich fühle mich dann irgendwie im Regen stehen gelassen.«

»Aber so ist das doch überhaupt nicht gemeint, Annegret.«

»Ich weiß, Klaus, ich weiß es doch.«

Schade. Das Ehepaar R. wirkt wirklich unglücklich.

Ich atme tief ein und aus und sage dann: »Herr R., mir kommt dazu der Satz in den Sinn: ›Guter Rat ist teuer.‹«

»Das kommt mir bei uns auch so vor«, sagt Herr R. und versucht ein Grinsen.

Ich fahre fort: »Was aber die wenigsten wissen: Der Satz geht noch weiter. Vollständig lautet er nämlich: Guter Rat ist teuer, aber erst später dran.«

Jetzt nickt Frau R. zustimmend: »Ja, das ist ja auch oft mein Gefühl.«

Spontan gehe ich zum Bücherregal, ziehe ein Buch heraus und blättere. »Hier. Das Gedicht fiel mir gerade dazu ein. Es heißt:

Billiger Rat

Ein Mensch nimmt alles viel zu schwer.
Ein Unmensch naht mit weiser Lehr
Und rät dem Menschen: ›Nimms doch leichter!‹

Doch grad das Gegenteil erreicht er:
Der Mensch ist obendrein verstimmt,
Wie leicht man seine Sorgen nimmt.«

»Spricht mir aus der Seele«, sagt Frau R. und lächelt. »Das mit dem Unmensch ist vielleicht ein bisschen zu hart, aber sonst … Von wem ist das Gedicht?«

»Der Autor heißt Eugen Roth, den hat mir mein Vater schon empfohlen.«

Und dann erzähle ich ein bisschen darüber, was die Sache mit den Ratschlägen so kompliziert zu machen scheint. Sie brauchen nämlich ein akkurates Timing. Zu früh erteilte Ratschläge sind – platt gesagt – Beziehungskiller. Oder wie heißt es umgangssprachlich? Ratschläge sind auch Schläge.

Die gut gemeinten Beziehungskiller

Sie blockieren die wirkliche Kontaktaufnahme und vor allem die Gefühle, die die geäußerten Sorgen begleiten. Beides will dann aber vor allem und zuerst einmal zu seinem Recht kommen.

Zu früh erteilte Ratschläge sind offenbar so etwas wie Abwehrmaßnahmen, um die traurigen, verzweifelten, empörten Gefühle des anderen nicht mit aushalten zu müssen. Nur klappt die gut gemeinte Devise »Schnell wegmachen, dann wird alles besser. Mach dir keine Gedanken« in den seltensten Fällen. Gefühle führen – wie bereits beschrieben – ein Eigenleben und sind nicht so einfach abzustellen (siehe 5. Tür: Seite 68).

Außerdem kommt hinzu: Ratschläge konstruieren unausgesprochen eine »Oben-unten«-Hierarchie: »Du hast ein Problem, ich sage dir, wie du es wegkriegst.« Hierarchien und Partnerschaft passen aber nicht wirklich gut zusammen.

Partnerschaft heißt in dieser Situation zuallererst Verständnis – oder wie es ein etwas verstaubter Satz treffend ausdrückt:

»Gott gab dem Ehegefährten die Ohren, damit er die Klagen des andern anhöre – liebevoll anhöre!«

Tipp

Die fünf Schritte der Unterstützung

Das liebevolle Anhören von Klagen kann übersetzt und unterteilt werden in fünf Schritte:

♥ Am Anfang steht das offene **Interesse**, das Signal – vor allem nonverbal ausgesandt: »Ich höre dir zu. Erzähl mal. Ich bin für dich da.«

♥ Der nächste Schritt ist das geäußerte **Mitgefühl**: »Das hätte mich auch sauer gemacht. Dein Chef hat sie wohl nicht mehr alle! Ist doch völlig klar, dass du so wütend bist.«
Schon allein dieses Mitgefühl lindert vieles an Wut, Schmerz, Angst oder Zweifel, denn neben vielem anderen ist es ein ganz besonderes Geschenk, das wir uns in einer Partnerschaft machen können. Und nichts nährt diese Partnerschaft besser als das Empfinden, verstanden und angenommen zu werden.

♥ Im dritten Schritt folgt der **»solidarische Schulterschluss«**, der in Worten zum Ausdruck kommt wie: »Ich stehe dir bei. Wir schaffen das gemeinsam. Sollen sie nur kommen.«
Natürlich hilft es auch enorm, wenn der Schulterschluss durch ein In-den-Arm-Nehmen unmittelbar spürbar werden kann.

♥ Der vierte Schritt ist ausgedrückte **Bestätigung** und Zuneigung: »Du bist okay. Deine Gefühle sind okay. Ich liebe dich.«
Diese entspannenden Schritte sollten vor jeglichen Tipps oder guten Ratschlägen stehen, denn erst wenn wir uns ernst genommen, verstanden, bestätigt und wertgeschätzt fühlen, können wir uns öffnen für etwaige Lösungen.

♥ Erst dann ist die Zeit für den fünften Schritt gekommen, der die offene Frage stellt: **»Was könnte jetzt vielleicht helfen?** Sollen wir mal gemeinsam überlegen, was du machen könntest? Oder kann ich was tun, oder wir gemeinsam?«

»Aha«, sagt Herr R. und schlägt nun das linke über das rechte Bein. »Ich muss sagen, das klingt plausibel. Ich weiß nicht, ob ich die hohe Schule mit den fünf Schritten gleich so hinkriege, aber ich werde es mal ausprobieren. Es wirkt so, als wenn ich mich selbst auch nicht mehr so unter Druck setzen muss, meiner Frau eine Lösung vorzuschlagen, um zu versuchen, sie von ihrem Ärger zu befreien.«

»Nee, befreien musst du mich auch gar nicht«, lächelt Frau R. und fügt hinzu: »Nur beistehen.«

9. Die Grenzen des anderen achten

»Mittlerweile können wir darüber lachen und machen unsere Scherze über die Geschichte«, erzählt Herr G. in entspannter Tonlage. »Aber dafür musste ich erst einmal so richtig aus der Haut fahren, damit meine Frau überhaupt was gemerkt hat. Weißt du noch, Ingrid, ich meine die Sache mit dem Probieren.«

»Oh ja, erinner' mich nicht daran, das ist mir ja heute noch peinlich.« Frau G. hält sich die Hand vor den Mund. »Es war nämlich so – das muss ich ja dann wohl mal erzählen –, dass ich am Anfang unserer Beziehung, wenn wir zusammen essen waren, gerne mal von Helmuts Teller genascht habe, weil es mich interessierte, wie das, was er bestellt hatte, so schmeckte ...«

»Nun musst du aber auch ehrlich erzählen, Ingrid. ›Gerne mal‹ ist reichlich untertrieben. Es war grundsätzlich das Erste, was du gemacht hast, wenn unser Essen kam. Schwupp, ging deine Gabel, bevor ich überhaupt was sagen konnte, auf meinen Teller. Ich hab gedacht, das versteht sie vielleicht unter ›Kennenlernen‹ ...«

»Ja, sicher, für mich war das ein Zeichen der Vertrautheit und Verbundenheit«, unterbricht Frau G. ihren Mann, der sich aber nicht irritieren lässt: »... aber nach vielleicht einem Vierteljahr war's mir dann doch zu bunt und ich hab gesagt: ›Lass endlich meinen Teller in Ruhe, du hast doch selbst was bestellt.‹«

»Ja, so war das, das war eine echte Ohrfeige für mich. Seitdem mache ich das auch nicht mehr ...«

»Nee, seitdem fragst du mich, ob du mal probieren darfst ...«, sagt Herr R. und lacht seine Frau liebevoll an.

Ein lebendiges Beispiel zum Thema »Grenzen in der Partnerschaft« – hier sogar Grenzen, die (nicht) über den Tellerrand hinausgehen. Frau G. fand gar nichts dabei, von den Spaghetti ihrer neuen Liebe zu kosten, im Gegenteil, sie wollte damit Nähe und Vertrautheit herstellen. Herr G. hingegen fühlte sich in seinem persönlichen Revier und seinen Gewohnheiten verletzt. Für ihn gilt offenbar: Mein Teller gehört mir.

Grenzen schützen

In einer Partnerschaft dreht sich natürlich alles um Grenzen – Grenzen auskundschaften, kennenlernen, verorten, Grenzen durchlässig machen, überprüfen, ausdehnen, dichtmachen oder wieder öffnen. Auf jeden Fall ist in einer Beziehung eines unerlässlich: Grenzen zu achten.

Sie dienen – ob bewusst oder unbewusst – dem Schutz unseres Selbst, unserer Identität, unseres Ichs (siehe »Das ›Nein‹ in der Liebe respektieren«, Seite 126). Grenzen schützen uns, deshalb schützen wir sie.

Nicht ohne Grund – wir schauen halt gerne über den Gartenzaun – gibt es so viele Dokumentationen über Nachbarschaftsstreits im Fernsehen, wo es ja meistens um äußere bzw. auch nur gefühlte »Grenzverletzungen« geht: »Die Äste Ihrer Platane überschatten meine Rhododendren.« – »Können Sie Ihre Kinder nicht besser erziehen? Ich werde noch mal krank von deren Lärm.« – »Die Schimpfworte Ihres Papageis sind bis in unser Schlafzimmer zu hören.« usw.

Natürlich sind das Paradebeispiele für Respekt- und Toleranz(-verlust), und natürlich wissen wir aus eigener Erfahrung, was für Gefühle sich in unserem Inneren vereinen, wenn unsere persönlichen Grenzen überschritten werden. Das ist ein Selbstläufer in Sachen Respekt – es erklärt sich einfach von selbst, dass respektvolle Kommunikation die Grenzen und »den persönlichen Raum« des Gegenübers (be-)achtet.

In diesem Kapitel kurz vor Ende des Grundkurses will ich jedoch noch auf etwas anderes hinaus. Denn auch beim ernsthaftesten Bemühen und nach mehrfachem Durcharbeiten dieses Buches wird es uns nicht gelingen, in Zukunft so zu kommunizieren, so zu leben, dass unsere Mitmenschen und besonders unsere Liebsten nicht mal sagen könnten: »Das nervt jetzt aber.«

Zu langsam? Zu blöd? Einfach unfähig?

Trotz allen Heldentums im Alltag gibt es einfach Begrenzungen dabei, was wir schaffen können und was nicht (mehr). Wir Menschen sind schlichtweg »begrenzt«.

Was ist zum Beispiel mit der Kapazität unseres Kurz- und Langzeitgedächtnisses? Oder anders gesagt: Wie reagieren Sie, wenn Ihr Partner ärgerlicherweise vergessen hat, was er gestern noch versprochen hatte? (»Das tut mir leid, Schatz! Es war wirklich so viel los heute …«) – Und wie reagieren Sie, wenn Ihre Frau das mit dem Kartenlesen auf dem Beifahrersitz partout nicht hinbekommt? (»Ich weiß ja, dass ich ein schlechtes räumliches Vorstellungsvermögen habe …«)

Wieder gilt: Wir sind einfach verschieden, wir haben unterschiedliche Fähigkeiten und Fertigkeiten.

Tipp

Bitte gehen Sie respektvoll mit Begrenzungen um

Wir haben unterschiedliche Sicherheitsbedürfnisse (»Fahr bitte langsamer!«), wir haben unterschiedliche Geschwindigkeiten (»Immer trödelst du so beim Einkaufen!«), wir sind unterschiedlich belastbar und bringen unterschiedliche Erfahrungen und »alte Wunden« mit in die Partnerschaft. Wir haben einen unterschiedlichen Umgang mit Kränkungen und reagieren unterschiedlich auf »Stress«.

Natürlich sind wir eigentlich in allem unterschiedlich. Hier geht es mir neben dem mehrfach beschriebenen grundsätzlichen Respekt für unsere Verschiedenheit um den achtsamen Umgang mit unseren Begrenzungen:

- Ich lasse meinen Partner ausruhen, wenn er erschöpft ist.
- Ich beiße mir auf die Zunge, wenn er etwas wirklich mal vergessen hat.

- Ich mache mich nicht lustig über das aus meiner Sicht übertriebene Sicherheitsbedürfnis.
- Ich achte darauf, dass ich den Menschen an meiner Seite mit meinem Tempo nicht überfordere.
- Ich werte ihn nicht ab, wenn er etwas nicht tun möchte, weil ihn das »an schlimme Erfahrungen von früher erinnert«. Und so weiter.

Denn ich weiß, dass ich mir den gleichen Respekt meines Partners für das wünsche, was ich nicht so gut kann, was mir schwerfällt, worin ich keine Erfahrungen habe. Ich möchte ja auch, dass er mich nicht als »zu langsam«, »zu blöd« oder als »unfähig« behandelt.

Je mehr wir uns unserer eigenen Begrenzungen bewusst sind, desto mehr können wir die Grenzen unserer Liebsten achten – und ich meine hier die Grenzen in jeglicher Bedeutung.

Und wir können wertschätzen, dass wir zusammen eben auch mehr schaffen und erreichen, weil eine starke Partnerschaft die mathematischen Grenzen sprengt. Da wird nämlich aus eins und eins drei!

Zwei Fragen zum Umgang mit den »Fehlern« des andern

Vielleicht werden Sie sagen: Was soll ich denn noch alles respektieren? Ich weiß, dass das alles nicht einfach ist. Deshalb muss ein »Aber« erlaubt sein.

Denn was tun wir, wenn uns das, was der andere nicht kann oder will, nun einfach *zu doll* auf die Nerven geht? Wenn uns die »Fehler« und Begrenztheiten des anderen so »auf die Palme treiben«, dass wir mit Kokosnüssen schmeißen könnten?

Dafür hat Ursula Nuber in ihrem Buch »Was Paare wissen müssen« zwei hilfreiche Fragen beschrieben, die wir uns vor den fliegenden Kokosnüssen ernsthaft stellen und selbst beantworten können. Sie lauten:

- »Könnte der andere das, was ich an ihm störend finde, ändern, wenn er es wollte?« und:
- »Ist das, was mich am anderen stört, wirklich so wichtig?«

(Siehe auch: Den Unterschied machen: Lösbar oder »ewig«? Seite 43.)

Die erste Frage lautet, noch einmal anders formuliert: Gehört das, was mich (mittlerweile) am anderen stört, zu seinem Wesen, zu seinem Charakter, einfach zu seinem Ich, was ich am Anfang der Beziehung vielleicht sogar besonders anziehend fand?

Dann würde es ihm sicher schwerfallen, es meinetwegen zu ändern. Ich sollte es vielleicht einfach als zu ihm gehörig respektieren. Ich will ja gar nicht, dass er sich für mich »verbiegt«.

Die zweite Frage kann entspannend wirken, indem wir selbst durch einen »Gedankenschwenk« dem Konflikt um die »Unzulänglichkeiten« des Partners den Wind aus den Segeln nehmen: So wichtig ist das vielleicht doch nicht, ich könnte meine Aufmerksamkeit ja auch mal wieder verstärkt den Eigenschaften zuwenden, die ich an ihm, an ihr so liebenswert finde.

Respekt bedeutet, einen geliebten Menschen in seinen Grenzen und Begrenzungen so anzunehmen, wo und wie er eben ist, und nicht erst da, wo und wie wir ihn haben wollen. Das ist der Schlüssel zur Partnerschaft.

Und es ist der vorläufige Schlusssatz für den Grundkurs respektvolle Kommunikation.

Ein Kapitel soll aber noch folgen:

Die wichtigsten Grenzen nämlich kennen nur wir (wenn's gut läuft) – sie liegen in uns. Das letzte Kapitel wendet sich deshalb dem Respekt zu, der erst den Respekt vor anderen ermöglicht. Ich spreche von der Achtung vor mir selbst, vom Selbstrespekt.

10. Selbstrespekt und -vergebung

Mitten im Gespräch mit dem Ehepaar S. – eben war es noch lebendig und engagiert – passiert etwas mit Herrn S. Er senkt den Kopf, schaut auf seine jetzt gefalteten, zusammengepressten Hände und wirkt verzagt. Auch seine Frau bemerkt die Veränderung. »Was ist mit dir, Michael?«, fragt sie sanft.

Es dauert eine Weile, bis Herr S. antwortet, im Ton leise und traurig: »Ich schaff es nicht, Silvia, ich bin nicht gut genug.«

»Was heißt das? Was meinst du mit ›nicht gut genug‹?«, hakt Frau S. nach.

»Du hast wohl einfach recht. Ich schaff das nicht, eine Beziehung zu führen. Das hast du ja schon mal vor zwei Jahren gesagt, dass ich nicht beziehungsfähig bin.«

»Das weißt du noch? Ach, Michael, da haben wir uns doch aber auch gestritten und dann ist mir so ein Satz rausgerutscht.«

»Ja, aber du hast ja recht, ich krieg das einfach nicht hin und denke immer, ich werde dir niemals gerecht werden können …«

Der Blick von Herrn S. bleibt auf seine knetenden Hände gesenkt, Frau S. schweigt hilflos. Die Stimmung ist bedrückt.

Bin ich es wert? Begonnen hatten wir diesen Grundkurs ja mit den Fallstricken der Kommunikation: Urteile, Vergleiche und andere Verletzungen – kurz: die Kritik am Partner.

In verschiedenen Kapiteln lernten wir dann die Feinheiten des respektvollen Miteinanders kennen und landeten schließlich bei der Achtung von Grenzen.

All das zusammen sind die Stichworte für diesen Text, denn bei allen (Ver-)Urteilungen, bei aller Kritik am oder vom Nächsten, am besten können wir etwas anderes – und das ist Selbstkritik. Es scheint so, als liefe in unserem Kopf ein Dauerprogramm unter dem Titel »Vergleiche dich stets mit anderen – und urteile hart«. Regie führt dabei »der innere Kritiker« – wahrscheinlich kennen Sie ihn –, dessen Ansprüche ausgesprochen hoch liegen, der von »Eigenlob« überhaupt nichts hält und der uns mit seinem »Alles-oder-Nichts« ganz schön unter Druck setzen kann. Dabei lautet die in unserem Zusammenhang wichtige Frage, die dem »inneren Kritiker« Paroli bieten könnte: Wie respektvoll gehen wir mit uns selbst, mit unseren eigenen Grenzen und »Begrenzungen« um? Haben wir es überhaupt gelernt, ausreichend versöhnlich mit uns selbst zu sein?

»Wie kann ich deiner nur wert sein?« ist die zweifelnde Frage am Ende eines besonderen Briefes – geschrieben von meiner Mutter an meinen Vater nach ihrer Verlobung 1949 –, auf den ich unlängst in alten Kartons neben vielen anderen Briefen stieß.

Vielleicht war diese Frage – Wie kann ich deiner nur wert sein? – vor sechzig Jahren für eine Jungverlobte noch naheliegender – die Zeiten waren wohl so –, aber auch heute noch treiben uns oft die gleichen Fragen, die gleichen Selbstzweifel um: Bin ich es wert, bin ich gut genug, wird er/sie bei mir bleiben?

Offenkundig sind wir es selbst, die uns das Leben schwer machen. Und das Verzwickte dabei ist: Meist ist es uns gar nicht bewusst, dass wir wegen unserer (negativen) Selbstbewertung so unglücklich durchs Leben schlurfen – und so auch nicht besonders attraktiv für andere sein können. Warum sind wir so voller Zweifel, warum hadern wir mit uns?

Beim Versuch, darauf eine Antwort zu finden, landen wir wieder am Anfang des Grundkurses – bei den Vergleichen und Urteilen, diesmal bezogen auf uns selbst. Wir fühlen uns – meist unbewusst – betrogen und unzulänglich, weil wir Vergleiche anstellen zwischen dem, was wir sind, und dem, was wir sein möchten; zwischen dem, was wir leisten, und dem, was wir leisten möchten bzw. meinen, leisten zu müssen. Wir sind unglücklich, weil wir – wiederum meist unbewusst – fürchten, dass wir versagt haben. Und sicher erzähle ich Ihnen nichts Neues, wenn ich sage, dass das natürlich alles mit dem zu tun hat, was wir früher in unseren ersten acht bis zehn Lebensjahren erlebt, abgespeichert und an Selbst-Werten übernommen haben. Die vermittelten Werte und Ansprüche – Wie soll unser Kind sein, wie und was soll es werden? – sind zu dem geworden, was wir Selbstwertgefühl nennen.

Und dieses Selbstwertgefühl ist ausgesprochen sensibel und »wetterfühlig«: Ein kleiner Misserfolg, schon geißeln wir uns als »Versager«, ein »Ich brauche es aber anders« vom Partner, schon hadern wir, ob wir wirklich »richtig sind«, und ein schmerzlicher Konflikt in der Partnerschaft, schon denken wir – wie Herr S. – wir seien »beziehungsunfähig«.

Dabei geht es tatsächlich zuallererst um die Beziehung zu uns selbst, um den »gnädigeren Umgang« mit dem verletzlichen und oft so überkritischen Ich.

Wir tun gut daran, respektvoll den inneren Dialog mit uns selbst zu suchen und dem »Regisseur des ›Urteile-hart-Programms‹« das Heft aus der Hand zu nehmen. Denn wenn der »innere Kritiker« dauerhaft das Sagen behält, geht uns die Achtung vor uns selbst verloren.

Und: »Ich kann die Achtung aller Menschen entbehren, nur meine eigene nicht.« Dieses Zitat, das seine extreme Haltung kennzeichnet, wird Otto von Bismarck (1815–1898) zugeschrieben – kein Wunder, dass er »der eiserne Kanzler« genannt wurde.

Der Freud-Schüler und Psychoanalytiker Theodor Reik (1888–1969) geht noch weiter und kommt zu einer für viele Menschen ernüchternden Erkenntnis: »Ein Mensch, der sich nicht selbst akzeptiert und seine Selbstachtung nicht wiedererlangt, wird nicht lieben können. Wer nicht Mut und Selbstvertrauen hat, wird niemals die Zuneigung eines anderen gewinnen können.«

Ist das das Dilemma der modernen Single-Gesellschaft und der Gattung der ICHlinge (siehe Seite 14)? Wieder Stoff für ein anderes Buch?

Fest steht: Wenn wir immer nur hoffen, dass wir durch die Liebe von anderen heilen und glücklich werden, machen wir uns selbst etwas vor. Da müssen wir schon selber ran, denn grundsätzlich gilt wohl die Erkenntnis des französischen Schriftstellers Nicolas Chamfort (1741–1794): »Es ist schwer, das Glück bei sich zu finden, und es ist ganz unmöglich, es anderswo zu finden.«

Natürlich helfen Zuspruch und Zuwendung von anderen Menschen dabei trotzdem ungemein.

Zwei Zitate bringen die Bedeutung dessen, dass wir gut mit uns selbst umgehen, auf den Punkt und sollen als Klammer am Schluss dieses Grundkurses zur respektvollen Kommunikation stehen.

Der eine stammt von dem englischen Astronomen Sir John Herschel (1792–1871) und heißt:

»Selbstrespekt ist der Eckpfeiler aller Tugend.«

Der zweite wird dem englischen Schriftsteller Laurence Sterne (1713–1768) zugeschrieben und lautet: »Respekt uns selbst gegenüber bestimmt unsere Moral; Respekt gegenüber anderen bestimmt unser Benehmen.«

Zum Schluss: »Zieh deinen Weg ...«

Am Ende vieler Bücher findet sich ein Register, damit man sich besser darin zurechtfindet. Und ich dachte, im Register einschlägiger Fachbücher zum Thema Partnerschaft müsste ich doch flächendeckend den Begriff »Respekt« finden. Denn worum geht es denn anderes in Beziehungen? Aber Pustekuchen: Zwischen »Resignation« und »Restsymptome« regelmäßig kein »Respekt«! Sogar ein einschlägiges »Lehrbuch für Paartherapie« meint ganz ohne Nennung dieses Grundbegriffes auszukommen. Das fand ich verdächtig.

Sollte ich mich geirrt und in diesem Buch nur Kleinigkeiten und Randnotizen der Beziehungskunde beschrieben haben? Oder ging es tatsächlich, wie ich hoffe und glaube, um das Grundsätzliche im menschlichen Miteinander, was als Quintessenz schon am Ende des Vorworts stand: Ohne Respekt ist alles nichts!

Bitte entscheiden Sie.

Ich habe bei meiner Recherche zu diesem Buch ganz einfach festgestellt, dass fast alle Tests und Beziehungs-Checks – in diversen Ratgebern oder Dossier-Seiten – zum Thema: »Wie steht es eigentlich um meine Partnerschaft?« an erster Stelle, so oder ähnlich, die Kardinalfrage aufwerfen: »Wie groß ist die Achtung vor Ihrem Partner / Ihrer Partnerin (noch)?«

Und viele Menschen, die sich zu den Gründen für die Trennung aus unglücklichen Beziehungen äußern, sagen: »Ich habe den Respekt vor meinem Partner verloren.« Oder: »Ich habe mich einfach nicht mehr respektiert gefühlt.«

Es scheint also durchaus angemessen und von grundsätzlicher Bedeutung zu sein, das Respekt-Thermometer in Beziehungen aufmerksam im Blick zu behalten und natürlich kontinuierlich mit ein bisschen Zusatzwärme und Extraaufmerksamkeit zu pflegen.

Denn es dreht sich fast alles in unserem Leben um Respekt.

Wir fühlen uns unwohl, wenn wir zu wenig oder keine Anerkennung für das erhalten, was wir tun und wie wir sind.

Wir schöpfen nicht das aus, was wir leisten könnten, wenn wir – zum Beispiel in der Arbeit – nicht gewürdigt und belohnt werden.

Wir werden sogar krank oder langsamer wieder gesund, wenn wir in einem chronischen Wertschätzungs-Defizit leben.

Es bleibt, wie es immer war, ob als Kind oder Erwachsener: Wir wollen ernst genommen, anerkannt, respektiert und gemocht werden.

Umso überraschter war ich, dass kaum Bücher zu finden sind, die sich ausdrücklich mit dem Thema Respekt beschäftigen. Vielleicht hat dieses nun eine Lücke geschlossen.

Auf jeden Fall staunte ich bei meiner Internet-Recherche nicht schlecht: Ich hatte den Begriff gegoogelt (ja, das kann man heutzutage so schreiben!) und erhielt in 0,12 Sekunden Zugriff auf 2 510 000 Seiten.

Am rechten Rand sprang mir der Ausweg aus dem lästigen neuzeitlichen Respekt-Defizit-Dilemma buchstäblich ins Auge: *Alles zum Thema Respekt Große Auswahl, kleine Preise! www.ebay.de*

Ich stutzte. Sollten wir einfach ein bisschen mitbieten bei der Auktion?

Ich würde mich freuen, wenn Sie in diesem Buch ein paar handfeste Alternativen zur Respekt-Versteigerung finden konnten, und lade Sie abschließend zu einer kleinen Zeitreise ein, die mit drei meiner Lieblingszitate noch einmal die immerwährende Aktualität des Themas demonstriert.

Das erste stammt vom französischen Philosophen Jean-Jacques Rousseau (1712–1778) und konstatiert: »Es ist viel wertvoller, stets den Respekt der Menschen als gelegentlich ihre Bewunderung zu haben.«

Das zweite wird der Missionarin der Nächstenliebe Mutter Teresa (1910–1997) zugeschrieben und ist schlicht: »Achte darauf, dass sich jemand nach einer Begegnung mit dir reicher fühlt als vorher.«

Und zuletzt – ganz einfach, und doch gediegen formuliert – eine Zeile aus dem »Lied 10« von Herbert Grönemeyer (*1956): »Zieh deinen Weg / Folg deinen eigenen Regeln / Zieh deinen Weg / Keine Angst vor richtig und falsch / Wer die Wahrheit kennt, ist niemals überlegen / Vertritt deinen Punkt / Aber zeug immer von Respekt ...«